聽懂

2-7歲孩子的

情緒話

父母必修的靜觀育兒課

黃詠詩 著

萬里機構

夜色正濃。維港兩岸晚燈隱霧裏。

澄黃燈下，看 Karen 新作。泛起跟孩子相處片斷，不禁笑了。昔日孩子給我難題，總覺不知如何是好，盼可找到天書，啟蒙我親子技巧。

掙扎與擔憂，二十多寒暑如飛，孩子長大了。終於見到一本教曉我們如何更恰當地跟孩子相處的好書。

此書透過實況故事，讓父母了解孩子的感受、學會靜觀覺察與聆聽、管好自己的情緒及看清子女所需，從而掌握更適切的親子之道；與孩子快樂成長，留下微笑與回憶。

霧散。東方之珠璀璨越前。

曾繁光

2021 年 4 月於悅愉中心

很高興繼上一本書《不動氣也可教出好孩子──家長必讀的正向育兒課》後，又可以再次以文字與大家會面，今次會以「育兒解難書」角度，讓身為家長的你深入了解2-7歲孩子日常常見的「行為問題」。不知大家有沒有這種感覺：當把日常遇到的育兒挑戰稱為「行為問題」時，立即自己的心情也沉重起來，所以「行為問題」這一詞在本書將刻意減少出現。我希望大家看完這書後，會對孩子的行為有新的看法，不少大家認為是行為問題的情況，例如孩子不和其他人分享玩具、不肯看書、怕黑不肯自己獨自睡覺、沉迷電子產品等，其實都是常見的育兒挑戰；正向與靜觀育兒的開始，就先由字眼上的轉換做起。

在這本書中，我結合了自己在臨床心理治療上的一大興趣範疇──靜觀為本認知心理治療（mindfulness-based cognitive therapy）於育兒概念中。希望今次本書除了可以與大家一起探索更有用的育兒方式，也可以為大家帶來一份更包容的心看自己與孩子的行為與相處。

自己在修習靜觀時，很喜歡「不用刻意把自己與他人變得更好」這概念。不接納孩子的行為、常常覺得孩子不聽自己的話，又或是感到自己教子無方，這些抗拒的想法很多時為我們帶來壓力，也讓我們在育兒的過程中失去了創意與彈性。如果我們對自己與孩子的接納也多一些，我們會否有其他更有效的方法與孩子一起面對生活與育兒挑戰？

說起創意，在青少年時期，曾經幻想過寫一本分析日劇與動漫人物心理的書，這個心願雖未達成，但今次我把自己喜歡的動漫人物來當書中孩子們的名字，倒也有一些夢想成真的感覺，寫得特別有樂趣，有時也因想起他們而分心起來（笑）。今次書中恰巧談到拖延症，就想起我和一些朋友還在等待結局的漫畫，也因此有一些書中孩子的名字會參考那漫畫的人物，然後再次幻想如果其作者富樫老師可以看到那一章就好了……

　　剛才提到的「幻想」、「心願」、「夢想」與「興趣」，是我們與孩子成長時的瑰寶，它們就好像孩子心中的幼苗一樣，我們永遠不知道它們成長後會變成甚麼。另一方面，現實生活的壓力是很大的，例如日常與孩子一起追趕功課、學習，還有為迎合社會而對孩子有所期望等等。別讓這些育兒挑戰與壓力，壓倒孩子心中的幼苗。希望這本書可在你的育兒路上，陪伴你與孩子一起守護他的瑰寶成長。

「我有去過很多育兒講座與工作坊，心裏一直希望自己做個會照顧孩子感受的媽媽……我想做得好像自己媽媽那樣好，不想像我的爸爸一樣易發脾氣，但當孩子說他不想吃早餐、留在玩具店不肯離開、做功課又不合作，我覺得自己把學過的都忘記了，最後總是很惡地罵孩子，罵到孩子哭了，自己也哭了起來……」

不少父母也有這個媽媽的感受，好的育兒方法總好像還欠了一條鑰匙，在遇到育兒壓力時，發現自己回到最原始的反應（react），可能是責罵、可能是威嚇、可能是教訓孩子。那個反應可能來自我們的成長經歷、價值觀、對孩子的期望等等，那個自動化的反應來得太快，並未能有效化解孩子的情況，而且不少時候是會影響我們與孩子的關係。今次，我們以另一個角度了解不同的常見育兒挑戰情況，以靜觀育兒的概念去感受孩子的感受與困難，以及自己作為父母的感受與需要，在解難的過程中好好回應（respond）孩子的困難，還有自己的感受以至憤怒，化解育兒壓力、讓父母與孩子都可以在育兒過程中感受到更多喜悅。

那靜觀育兒（mindful parenting）是甚麼呢？靜觀育兒是在育兒的過程中以非批判性的方式（non-judgmental），專注與覺察（aware）每一刻的當下，包含覺察孩子與自己的特性與需要、投入並專注與孩子一起的時間，不用刻意變得更好，而是接納育兒過程中的高與低，並了解自己在壓力下的反應，以包容之心回應育兒壓力。這個定

義與本書的靜觀概念參考自 Jon Kabat-Zinn 創下的靜觀減壓治療（mindfulness-based stress reduction therapy）和 Susan Bögels 與 Kathleen Restifo 設計的靜觀育兒課程（mindful parenting）。[註]

「靜觀育兒」也會邀請大家應用創意來面對育兒過程，我們將運用創意結合育兒解難與靜觀育兒概念的生活應用。上一本作品《不動氣也可教出好孩子 —— 家長必讀的正向育兒課》談的是育兒中「正向做法」與「正向說法」；而今次的主題就是當遇到育兒挑戰時的「正面解難」與「心態轉換」。

在這本書中，我們會一起從孩子生活上不同的情況與育兒難題中，探索如何在育兒過程中把反應轉換成回應，並在遇到育兒挑戰時於生活中練習一個更有效的育兒方法與態度。另外，每篇有不同的靜觀反應與感受練習，讓我們有多一個機會在生活中練習，每個練習可以用大約 5-15 分鐘去完成。在書的附錄另有兩個靜觀練習，並附練習錄音連結，可以讓大家邊聽邊做。

現在，就讓我們一起開始這個育兒的發掘過程！

註：

Bögels, S., & Restifo, K. (2013). "Mindful parenting: A guide for mental health practitioners." *Springer Science & Business Media.*

Kabat-Zinn, J., & Kabat-Zinn, M. (2021). "Mindful parenting: perspectives on the heart of the matter." *Mindfulness*, 1-3.

目錄

Part 2

挑戰式行為與情緒篇

附錄

學習行為	
育兒挑戰與行為	**應對方法速查**
1. 對看圖書沒興趣	Part 2《行為 9：抗拒閱讀》（p.128）
2. 孩子未會閱讀文字如何與孩子伴讀	Part 2《行為 9：抗拒閱讀》（p.128）
3. 不願開始做功課 / 把功課時間拖長	Part 2《行為 6：兒童拖延症》（p.86）Part 2《行為 10：沉迷電子產品》（p.142）
4. 難以跟隨溫習時間表	Part 2《行為 6：兒童拖延症》（p.86）
5. 在準備面試時給孩子壓力	Part 2《行為 8：面試失準症》（p.114）

成長行為	
育兒挑戰與行為	**應對方法速查**
1. 在遊戲中難以接受挫敗	Part 1《行為 1：不服輸》（p.16）
2. 不願與朋友分享玩具	Part 1《行為 2：不願分享的獨生子》（p.28）
3. 感到自己不比兄弟姐妹受父母的關注	Part 1《行為 3：兄弟間的競爭》（p.42）
4. 兩兄弟搶玩具	Part 1《行為 3：兄弟間的競爭》（p.42）
5. 孩子怕獨自睡覺	Part 1《行為 4：黑夜焦慮症》（p.56）

情緒行為

育兒挑戰與行為	應對方法速查
1. 孩子在街上「扭計」	Part 2《行為 7：在公眾場合撒野賴地》（p.100）
2. 常見的兒童焦慮	Part 1《行為 4：黑夜焦慮症》（p.56）（成因部分）
3. 與孩子談焦慮	Part 1《行為 4：黑夜焦慮症》（p.56） Part 2《行為 8：面試失準症》（p.114）
4. 害怕在人前說話與表現	Part 2《行為 8：面試失準症》（p.114）
5. 預防自己的緊張感染孩子	Part 2《行為 8：面試失準症》（p.114）

生活行為

育兒挑戰與行為	應對方法速查
1. 孩子經常問「點解」	Part 2《行為 5：「問題」兒童 》（p.74）
2. 在公眾場合撒野賴地	Part 2《行為 7：在公眾場合撒野賴地》（p.100）
3. 沉迷電子產品影響生活	Part 2《行為 10：沉迷電子產品》（p.142）
4. 生活上的拖延、逃避與時間管理	Part 2《行為 6：兒童拖延症》（p.86） Part 2《行為 10：沉迷電子產品》（p.142）
5. 孩子因「未想合作」而問「為甚麼」	Part 2《行為 5：「問題」兒童》（p.74）

Part 1

成長行為篇

孩子的成長有不少令父母苦惱的情況，好像不願分享、和兄弟姐妹吵架、易發脾氣等。這一章我們會一起了解這些行為的成因，與找出照顧孩子與自己感受的解難方法。

不服輸

「我不玩了！」輸不起的樂俊

樂俊由上了 K3 開始，媽媽就發現他常常在玩遊戲時發脾氣，輸了就會大哭，或是要家人陪他再玩過，有時候又會玩到中段就走開不玩了，起初爸爸媽媽也因他的表現而感到生氣，還罰過孩子。

直到有一次，媽媽與樂俊參加了同學的生日會，在玩「收買佬」時孩子玩到中段就開始哭，對媽媽說他想走。媽媽鼓勵樂俊再去玩遊戲，但最後樂俊在遊戲中輸了，然後在同學的生日會中大發脾氣，令媽媽相當尷尬與頭痛。媽媽試過透過傾談讓樂俊明白遊戲贏輸的道理，但似乎不太成功。

媽媽：「為甚麼你玩遊戲那麼易哭呢？」
樂俊：「我也不知道呀……」
媽媽：「你怕輸嗎？」
樂俊：「……我想……是吧！」
媽媽：「玩遊戲的過程不好玩嗎？」
樂俊：「輸就不好玩了！」
媽媽：「但玩的時候你也開心呀，媽媽見到你在笑呢！」
樂俊：「（點頭）也是的……」
媽媽：「可以試試下次玩遊戲不發脾氣嗎？」
樂俊：「可以！」

但過了沒多久，樂俊回校上課後又因在遊戲中輸了而在班上哭起來，更把玩具扔在地上。放學後老師請了媽媽與樂俊一起傾談此事，樂俊告訴媽媽他有努力忍着不哭，但是還是做不到。媽媽感到很無助，孩子長大了脾氣也大了，再這樣下去老師和其他同學的父母會不會不滿呢？到底怎樣才可教會孩子在玩遊戲時不發脾氣呢？

靜觀時刻

你也可試試一起做

　　現在請在看這本書的你，合上雙眼，想像自己是樂俊的媽媽，教不到孩子面對贏輸，孩子開始在不同情況都發生不服輸的情況，你會有甚麼情緒感受呢？你覺得孩子的行為表現如何呢？

　　然後，當你感覺到那種感受後，想像一下自己是樂俊，帶着期待的心情開始遊戲，卻常常在遊戲中輸掉，你會有甚麼情緒感受呢？

父母可能有的情緒

● 生氣（孩子玩遊戲不合作）
● 擔心（孩子改善不了，其他人會不滿嗎？）
● 無助（不知如何協助孩子）

父母眼中孩子的行為表現

● 在遊戲中發脾氣
● 不合作／不聽話

孩子可能有的情緒

● 失望／失落（在遊戲中輸了）
● 難以接受輸的感覺
● 害怕（因曾被懲罰）

Q 孩子怕輸，又常在玩遊戲時發脾氣怎麼辦？

 A 「怕輸的孩子」，是希望通過在
遊戲中勝出而獲得成功感。

孩子行為，心理拆解

　　孩子怕輸的現象一般由 4-5 歲開始，年紀較小的孩子由於未
有輸贏概念，有些孩子會不想接受遊戲完了而有情緒，卻很少有
怕輸的情況；但到了 4-5 歲，孩子就開始明白甚麼是輸贏。

　　在艾瑞克森的心理社會發展理論（Erik Erikson's Stages of
Psychosocial Development），孩子在這個年紀開始進入勤奮進取
對自貶自卑（industry vs. inferiority）的階段，希望獲得一定的能
力與成功感，對失敗的經歷開始比較在意。有一些孩子的性格比
較認真與堅持，在這個階段遇到挫敗時的反應就會比較大了。

　　雖然在成年人的眼中遊戲只是遊戲，但在孩子的世界中遊戲
可能是他們少有感覺到「高下」的情況，在輸贏當下的比較是很
實在的，這也是孩子體會到失落的原因。這篇我們一起學習不同
的方法，回應孩子怕輸的心。

育兒問題解難說明書

方法 1

O 回應孩子的感受，並讓孩子不開心一會兒

X 否定孩子的情緒表達

　　當孩子輸了遊戲，我們會有怎樣的反應呢？父母很容易因為覺得孩子的情緒不合理，而否定孩子的情緒表達。在這個情況中，最常見的否定就是「你夠了沒有，明明只是遊戲在哭甚麼呢？」。樂俊的媽媽也試過這樣對孩子說，就在生日會那個情況：

NG 做法

媽媽：「只是遊戲在哭甚麼呢？大家都是這樣呀！
　　　　不要哭了，快回去一起玩吧！」

樂俊：「媽媽，我想走了……」

媽媽：「怎麼可以？在人家的生日會中途離開是很
　　　　沒禮貌的！」

樂俊：「……但是……」

媽媽：「（見孩子沒有哭了）來，快點回去一起玩吧！」

　　樂俊聽了媽媽話回去繼續玩遊戲，之後卻又輸了，並發了更大的脾氣。不少父母也會特別在公眾場合感到為難，孩子有情緒就很想他們的情緒快點平復，同時自己也會急起來而忘記了學習過的孩子行為處理技巧。其實當孩子經歷失敗的感覺，回應孩子的情緒才是最大機會在當下紓解孩子情緒的方法，即使在公眾場合也可以簡單處理的。

媽媽看見樂俊在哭，問道：「你怎麼樣呀？」

樂俊：「媽媽，我想走了……」

媽媽：「是不是玩遊戲不開心？」

樂俊：「（點頭）我不想輸，不想玩了。」

媽媽：「輸了又真的會失望的，你要坐在我身旁休
息一下嗎？」

樂俊：「好吧……」

如果孩子在輸了遊戲，或是玩得不開心時，我們要做的第一件事是甚麼呢？當然就是照顧孩子的情緒，這個情況在家中或是在外面也是一樣的。孩子是可以失落的，而否定他們的感覺很多時會讓他們的情緒更差，並且令事情更難得到改善。同樣地，孩子有時在遊戲中贏了，我們也可以回應孩子的感受，並與孩子討論其他人輸了後的情緒，這一部分會在下一個方法詳細討論。

方法 2

O 活用故事與實例，讓孩子多角度理解輸贏概念與感受

X 只用言語解釋輸贏的概念與感受

讓孩子接受輸贏不是只在孩子輸了遊戲時才處理，日常生活中讓孩子理解輸贏這概念也是很重要的。孩子在 6 歲前的理解能力有限，如果我們只用言語解釋「輸贏很平常」、「每個人都遇過」，孩子可能在字面上理解得到，但情感上卻「消化困難」。那麼，如何可以讓孩子的理解與情感結合呢？我們需要用他們可以感受到那情緒的故事與實例，讓孩子學習面對輸贏的情感。

代入卡通人物故事

與孩子一起看他喜歡的卡通人物有關輸贏的故事

了解主角如何面對輸贏的情況

讓孩子扮演主角，實習如何面對輸贏的感受

＊自己喜歡的卡通人物都有輸過，從這個層面平常化（normalize）孩子對輸贏的介
　意是很有用的。

討論與比賽有關的資訊或節目

與孩子一起觀看運動比賽

留意喜歡的球隊失分與輸了比賽的情況

與孩子觀察球員的反應

孩子從他喜歡的事物中了解輸贏的概念與感受

　　在《不動氣也可教出好孩子》一書中，我在其中一個章節也談
到父母與孩子分享自己失敗經歷的技巧，在輸贏的情況中當然也可
以運用這方法，但今次我們還可以加點貼近孩子感受的例子。除了
卡通人物和父母外，有一些較早熟孩子愛看與比賽有關的資訊與節
目，例如足球比賽或是有遊戲的綜藝節目，但我們與孩子留意的不
只是比賽本身，而是他們喜歡的隊伍與選手輸了後的情況。

樂俊：「爸爸，我也想和你看球賽！」

爸爸：「好呀！不過這不是直播，而且我們喜歡的
　　　紅衫那隊輸了。」

樂俊：「為甚麼呀？」

爸爸：「不小心給對方組織到攻勢，你看就是這
　　　兒，有空位入波了！」

樂俊：「哎呀！真的入了……」

爸爸：「你看那個守門員多失望……」

樂俊：「但他們又跑起來了！」

爸爸：「對呀！失分了雖然可惜，但還是要嘗試可
　　　不可以追平手呢。你覺得他們會有甚麼感
　　　覺呢？」

樂俊：「應該會不開心？不過好像很快就沒有不開
　　　心了……」

爸爸：「我覺得可能也會有的……不過體育精神就
　　　是：有機會輸也會盡力完成比賽呢！很厲
　　　害對不對？」

樂俊微笑：「對！」

爸爸：「上次我們玩那個棋，你也是知道可能會輸
　　　但也完成遊戲，你也很厲害呢！」

　　　樂俊比較成熟一點，和爸爸看足球比賽是他喜歡的活動，平
日都是兩父子緊張地看球賽，今次爸爸故意與孩子留意他們喜歡
的球隊失分與輸了比賽的情況。在這兒可以注意的是我們不要急
於教訓孩子「你看，別人輸了也沒有好像你那樣哭。」，這樣的
教訓可能會進一步增加孩子的挫敗感，覺得自己事事也不如其他
人。我們可以把對話集中於失分與輸了比賽的感受，與孩子觀察
球員的反應，讓他從喜歡的事物中了解輸贏的概念與感受。

樂俊的爸爸在說明體育精神的同時，也讚賞了孩子以往的努力，這對於比較敏感的孩子是更有效的鼓勵方法。不少孩子即使怕輸或是輸了會哭，也總有過堅持完成遊戲的經歷。我們不用等孩子每一次都做到才告訴孩子我們看得見他的好表現，父母的「看得見」也可成為孩子克服挫敗感的好動力呢！

方法 3

O 輸了有獎，減輕輸了的失落才能感受遊戲過程的快樂

X 不要問怕輸的孩子「遊戲的過程不開心嗎？」

輸了有獎是我很喜歡的遊戲方式，記得有一次為家中孩子辦生日會，我們沒有請人主持，於是便要自己主持。我一直在不同的生日會也見到孩子輸了遊戲便會哭的情況，於是便想：有沒有甚麼方法令孩子享受遊戲，不怕輸也不怕被捉呢？

那天我準備了回禮的小禮物給孩子們，我們第一個遊戲就是玩「狐狸小姐幾多點」，但被我捉到的孩子會有小禮物一份。很有趣地，明明是孩子都想避開不被捉到的遊戲，變成了所有孩子都想被捉了，接著下來的遊戲有贏有輸孩子們都愉快地一起參與。

這個方法在家中也可以進行的，和孩子玩棋盤遊戲或有贏輸的遊戲時，也可以輸了有獎，小如一粒糖果就可以。然而，我們不是想鼓勵小朋友獲得獎勵，因此給予這小獎勵時我們也要說明一下。

試試 這樣做	媽媽：「爸爸、樂俊，今天我們玩這個棋有個特別的規則呢！」
	樂俊：「甚麼規則？」
	媽媽：「今天輸了的人可以多吃一粒士多啤梨。」
	樂俊：「為甚麼呀？」
	媽媽：「因為輸了的人陪我們玩完遊戲，是很有體育精神的事！」
	爸爸：「你說得好像自己就不會輸的一樣。」
	樂俊：「我想多吃一粒士多啤梨！」
	媽媽微笑：「你想故意輸嗎？」
	樂俊也哈哈大笑起來。

TIPS BOX

在家中的「輸了有獎」可以有很多功能，除了想中和孩子輸了後的失落，也可以讓孩子在減輕了輸的負擔下好好享受遊戲。

我們常常問怕輸的孩子「遊戲的過程不開心嗎？」，可是如果孩子既怕輸又輸過不少次，可能一開始遊戲就想着自己會不會輸這個問題，那過程就真的好難開心起來了。

在「輸了有獎」的方法下，孩子如果輸了遊戲，卻得到了小獎勵，輸的失落可能還是存在的，不過由於被小獎勵中和了，孩子才更有機會感受到遊戲過程的快樂。

　　而另一方面，這個方法也是鼓勵了體育精神，希望孩子即使知道自己有機會輸，還是會完成遊戲。當然，我們不會一直都把這個方法維持下去，當孩子慢慢適應到輸的失落，享受到遊戲的樂趣，這個方法就自然可以功成身退了。

靜觀育兒回顧

墮入「比較圈套」的父母

「只是遊戲而已,有甚麼好哭呢?大家都是這樣呀!不要哭了,快回去一起玩吧!」、「你看,別人輸了也沒有好像你那樣哭。」

當孩子表現出與其他小朋友不同的行為與情緒,我們很容易會墮入「比較圈套」。「比較圈套」可以來自父母的內在標準,也可以來自公眾場合與人前的壓力,是常見的與「靜觀育兒」相對的「育兒自動化思考模式(automatic thought)」。

在樂俊與爸爸媽媽的經歷中,比較令孩子本來失落的情緒變得更差。我們會不會因為太擔心孩子未做到大家眼中合理的標準與規矩,而失去了育兒的好奇心(curiosity)呢?「孩子到甚麼年紀才應該玩遊戲不會哭?」這問題可能困擾了不少父母。有些孩子從來都不會因為遊戲贏輸而哭;有些孩子的情緒調節較早熟所以即使失落也不會哭;有些孩子會從環境與身邊人中學習接受贏輸。孩子接受贏輸的困難一般在上初小後慢慢改善,而父母在這個過程中可以做陪伴與協助的角色。

不少父母如樂俊的爸爸媽媽一樣,很怕孩子情緒爆發,當嘗試與孩子處理挑戰時,不小心把着眼點放在孩子「有沒有再發脾氣」,再一次墮入「比較圈套」,一直和孩子做得最好的時候去比較,然後只要有脾氣,就是「做得不夠好,還未有改善」,不論孩子還是父母,也在這個「比較圈套」中困擾起來。

如果你合上雙眼，回想孩子一直以來的學習與行為，他做的每一件事也是一個循序漸進的過程？還是他在一兩天就把要學的事學會了？就好像孩子慢慢一步步學會走路，但過程還是會跌跌碰碰；一個個字地學會發音與說話，不過過程會用錯字與發音不正。這一次會不會也是一樣，他在學習接受贏輸的過程中，也有做得到與做不到的時候呢？

當我們可以放下自己的「比較圈套」，才可拾回育兒的好奇心，想出更多方法與孩子正面回應挑戰了。就好像樂俊的例子，我們不是硬要孩子接受輸的挫敗，也可以與孩子就着「輸」這個主題，參與角色扮演遊戲、看輸的比賽、輸了有獎等等。在這個過程中，學習的也許不只有孩子，還有「適應了規矩是理所當然」的父母。

☐ 當孩子感到失落時，給予空間，容許孩子流露情緒
☐ 使用孩子喜歡的事物，幫助孩子了解與適應輸贏的感受
☐ 在難題中保持育兒好奇心，以更有趣味的方式與孩子玩有輸贏的遊戲
☐ 留意自己有沒有會墮入「比較圈套」，會不會不小心說了與孩子進行比較的話
☐ 不只以孩子有沒有再發脾氣作衡量進步的標準，應從多角度評估進步

不願分享的獨生子

「我不給你！」不分享的子言

子言上了 K1 不久，父母就收到老師電話，說孩子在學校的遊戲時間與另一個同學搶玩具而推跌同學。爸爸媽媽都為此而緊張起來，不是老師打過來，也沒有注意到自己從來沒有教過孩子分享，於是爸爸媽媽用了很多時間教導孩子要分享玩具。學校的老師也很用心，常常在遊戲時間前提點子言，子言似乎在學校就少了與人搶玩具，也沒有出手的情況。

可是在 K1 尾段，有一次子言的父母邀請子言的同學浩銘來家中玩，就發生「意外」了。浩銘想玩子言的玩具車，起初子言把其中一架給了對方，但當浩銘想要子言手中的另一架車時，他就發脾氣把車扔在地上，然後走回自己的房間哭起來。

媽媽：「你怎麼樣了，本來不是玩得好開心嗎？」
子言邊哭邊說：「我給了他一架，他又要另一架……」
媽媽：「人家難得來到，就讓讓浩銘吧！」
子言：「我不要！」
媽媽：「他有玩壞你的車嗎？」
子言：「沒有……」
媽媽：「那就是呀，讓了都沒有問題的！」
子言：「我都說不要！」
媽媽看到孩子不再哭了，於是便問：「好了，不如我們先一起出去再說？」
子言：「我不想出去了……」

媽媽再怎樣說孩子都不出去，只好放棄了。那天的聚會在尷尬下結束，浩銘的父母也道歉了好幾次。浩銘離開後，子言過了一會就自己回到客廳，好像若無其事地玩自己的玩具，反而爸爸媽媽又擔心起來。

孩子是獨生子，家中長輩也常常遷就孩子，父母都要工作，與孩子相處的時間不多，所以平日和孩子相處時都是孩子想怎樣父母就會配合。在這樣的環境下，怕孩子太霸道，可以怎麼辦呢？

静觀
時刻

你也可試試一起做

　　現在請在看這本書的你，合上雙眼，想像自己是子言的爸爸媽媽，看着孩子在與同學玩時因分享玩具而發脾氣，你會有甚麼情緒感受呢？你覺得孩子的行為表現如何呢？

　　然後，當你感覺到那種感受後，想像一下自己是子言，你讓了同學一次卻又要讓下一次，而且那些都是你喜歡的玩具，你會有甚麼情緒感受呢？

父母可能有的情緒

- 擔心（孩子的情況原來沒有改善嗎？）
- 困擾／憤怒（說服不到孩子再回到客廳）
- 尷尬（同學與他的父母離開）

父母眼中孩子的行為表現

- 不願意分享
- 沒有與媽媽合作
- 發脾氣

孩子可能有的情緒

- 困惑（分享不容易）
- 無助（想分享，但又難以做到）
- 不知所措

孩子行為，心理拆解

　　子言的情況在現今的社會越來越普遍，父母都要工作，由工人姐姐或長輩照顧的獨生子是不是真的較難與人分享呢？在這個問題上我們可以首先了解一下，孩子其實到甚麼年紀才會學懂分享呢？在不能分享的情況下，又是不是一定是孩子的錯？

　　根據皮亞傑（Piaget）的認知發展理論（cognitive-developmental theory），孩子在 2 至 7 歲的時期正處於前運思期（preoperational stage），這個也是本書主要圍繞討論的年紀，在這個時期的特點是甚麼呢？

「認知發展理論」的前運思期

- 邏輯思考未成熟，易混淆數目與體積等概念。
- 自我中心，常以自己的角度出發理解事物。
- 會把物件擬人化（這也是孩子開始認為玩具是有生命，而玩角色扮演遊戲的原因）。
- 前運思期（preoperational stage）中，又分為 2 至 4 歲與 4 至 7 歲兩個時期，2 至 4 歲的孩子較多以圖像來思考，而 4 至 7 歲的孩子就會開始問很多問題，以學習更多知識。

由此可見，在兒童發展的過程中，我們會見到孩子們在兩三歲左右開始想與其他小朋友玩耍，卻又總是自我中心地覺得所有玩具都是自己的現象，如果家中有年紀相差不遠的兄弟姐妹，這個情況就很易見得到了。有些孩子性情比較平易近人，會比較願意分享，但如果孩子未願意分享，其實也是兒童發展過程常見的情況呢！

不少父母會以兒童故事教導孩子分享，卻發現即使孩子明白分享是甚麼還是很難做得到。另一方面，雖然獨生子被身邊的成年人遷就是很自然的事（也很難會有成年人反過來要孩子遷就），但是只要讓孩子感受到分享的快樂，孩子還是可以一步步學會分享的。父母要了解的是，<u>在分享這個行為中，分享的體驗很重要</u>：

表1 讓孩子體驗分享的樂趣	
讓孩子樂意分享的方法	**未能鼓勵孩子分享的原因**
✔ 給予孩子選擇權，孩子自願與他人分享	✘ 孩子在分享的過程中感到被強迫
✔ 在分享中感受及體驗到分享的快樂	✘ 在分享中不能感受到快樂
正面鼓勵「分享」這行為，孩子會願意分享	父母以「不對」或「做錯」去形容「不分享」這行為，令孩子對分享更抗拒

方法 1

O 從孩子較易分享的事物中學習分享，累積正面經驗

X 以孩子最喜歡的食物或玩具開始學習分享

　　如果孩子是家中獨子，在平日的家居環境中未必常有分享這情況，但我們也可以在生活上培養孩子分享的習慣。先前我們提到，體驗分享的快樂是鼓勵孩子分享的重要推動力，而生活上的分享一般比分享玩具容易，是好的正面起步點。較年幼的孩子可能未必掌握到「分享」這概念，又或是有些孩子對分享的抗拒感較大，也可以考慮由父母先開始於生活上活用分享的概念。

試試這樣做

媽媽：「媽媽在小朋友時就很喜歡吃這糖果！」

子言：「我也想吃呢……」

媽媽：「你想媽媽分享給你嗎？」

子言：「即是怎樣呀？」

媽媽微笑：「分享即是把自己喜歡的也分一些給其他人。」然後把糖放到子言手中。

子言：「我吃了你就沒有了……」

媽媽：「你吃了會開心嗎？」

子言：「會呀！」

媽媽：「那媽媽也分享得開心呀，而且你看，我還有幾粒在這裏！」

子言微笑。

以這個方式讓孩子正面了解分享的第一步是感受分享的快樂，當孩子理解到分享的意思後，我們便可以開始於生活上鼓勵孩子也與我們分享了。我們可以由孩子較易分享到的事物作開始，例如孩子喜歡但常常吃得到的朱古力脆脆小零食，又或是他常玩但不是最喜歡的玩具。為甚麼要選擇這些事物作開始呢？因為當「分享」成功後，父母給予的讚賞與正面回應也是推動孩子分享的動力，因此於初期的分享經驗中我們希望可以累積正面的體驗。如果一開始就以孩子最喜歡的食物或玩具作開始，孩子不願意分享的機會大了，就會增加了累積正面經驗的難度了。

TIPS BOX

讚賞孩子的分享可以怎樣說呢？「嘩！媽媽知道你很喜歡吃這個，你也分給我，媽媽好高興呢！」這句說話包含了你的感受，讓孩子更能體驗到分享的快樂呢！

方法 2

O 讓孩子選擇分享甚麼，以自主權提高分享動力

X 要求孩子接受指示，不給予選擇權

我們先前提到想以快樂分享為原則鼓勵分享，那麼分享為甚麼會不快樂呢？其中一個原因是分享時孩子感到自己的控制權（sense of control）減低了。把自己在玩的玩具給了其他人，當然感覺到控制權減低；如果分享的過程中孩子完全沒有選擇，感覺就會似是自己完全沒有控制的權利了。

　　在子言的例子中，媽媽為甚麼不能成功讓子言回到客廳呢？除了沒有回應到孩子的情緒外，其中一個原因也是與孩子的自我控制權有關。

NG 做法

媽媽：「你怎麼樣了，本來不是玩得好開心嗎？」
子言：「我給了他一架，他又要另一架……」子言邊哭邊說。
媽媽：「人家難得來到，就讓讓他吧！」
子言：「我不要！」
媽媽：「他有玩壞你的車嗎？」
子言：「沒有……」
媽媽：「那就是呀，讓了都沒有問題的！」

　　還記得他們的對話嗎？在這個過程中，媽媽不小心提出了子言不想接受的指示（direction），如「讓同學」、「回到客廳」，而沒有給予孩子任何選擇（choice），令膠着的情況難以得到解決辦法。我們在看到孩子不能分享時，都傾向說服孩子先試試分享（例如「你先給人家玩，待會兒到你好不好？」），而很少給予孩子選擇權（例如「這兩件玩具，你想要哪一件給自己呢？」）。

表2 鼓勵孩子樂於分享

❌ NG 做法	✔️ 合適做法
要求孩子接受分享的「指令」	給予孩子「分享」的選擇及控制權
● 不理會孩子的意願，要求孩子分享玩具 ● 要求孩子先給朋友玩，待會兒才自己玩	● 選擇自己想要甚麼 ● 選擇可以分享甚麼 ● 朋友來家中玩，可選擇不分享自己最喜愛的玩具

　　如果在分享的過程中，孩子的控制感大了，並從分享的經驗中得知，分享真的沒有帶來想像中的問題（例如玩具沒有被破壞），反而帶來好的影響（例如遊戲中的快樂互動、父母的讚賞），他們分享的動力也會增加。在方法 4 中，我們會再提到活用自主權提高分享動力的方法與例子。

 TIPS BOX

　　有沒有想過，分享也可以是選擇而不是必然的呢？我們有時會不其然以二分法去理解分享，就是「分享是好行為，不分享就是不理想的行為」；但每個孩子以至每個人，也應該可以有他們不想與人分享的事物吧！

方法 3

O	用遊戲讓孩子體驗不被遷就的經驗
X	故意令孩子難受，體驗不被遷就的經驗

我們剛才提到的方法 1 與 2 都是與增加孩子分享的正面經驗和感覺有關，那麼有方法可以增加孩子對不被遷就的接納嗎？回到這個問題的起點，有一些孩子如獨生子又或是在兄弟之間排行最尾的孩子都可能很少有不被遷就的機會，我們也可在生活上製造這些練習，讓孩子更易接受不被遷就的感覺。如果你的孩子是跟子言一樣比較年幼，不遷就練習可以無聲無息下在遊戲間發生。

試試這樣做

子言在玩煮飯遊戲，問道：「媽媽，我煮了漢堡包，你吃嗎？」
（在這個情況下，我們一般會愉快地接過孩子的玩具，然後說很好吃，但當我們想與孩子練習接納不被遷就，我們就可以從改變回應入手了。）
媽媽：「但媽媽今天想吃煎蛋呢，你可以煮給我嗎？」
子言：「那這個漢堡包呢？」
媽媽：「媽媽下次才吃可以嗎？」
子言微笑點點頭。

我們這裏談的不遷就，不是要令孩子很難受又或是要令孩子哭出來才算的，而是在生活與遊戲中，孩子有機會遇到的實際情況。孩子在遊戲中除了要分享，也有不少時候遇到其他小朋友想

以另一些方式玩遊戲，以遊戲為本的不遷就練習可協助孩子面對這些情況。當然，孩子也有自己的步伐去適應不被遷就的感覺，這個練習也要因應孩子的步伐而調節。

方法 4

O 進行「分享實習」，讓孩子感受到分享的樂趣

X 一次過要孩子分享很多，又或是太長時間

當孩子開始願意分享，我們就可以進行「分享實習」了，即以分享為目標，讓孩子累積正面分享經驗，也可以把我們先前提到的「讓孩子選擇分享甚麼」活用出來。我們一起看看子言的例子，了解如何運用「分享實習」。

在與子言的那一次遊戲日完結後，子言的父母在求診後於生活上實踐了不少方法與子言練習分享，而且子言好像越來越願意分享了，於是父母就想再安排一次遊戲日順道進行「分享實習」。

試試這樣做

媽媽：「萬聖節快到了，你想請浩銘來玩嗎？」

子言：「好呀！我想和他去拿糖果！」

媽媽：「但……如果浩銘又想玩你的玩具車怎麼辦呢？」

子言：「我會給他玩的。」

媽媽：「媽媽有個提議，你會不會想把自己最喜歡的一些玩具收好，另一些你覺得可以一起玩的就放出來？」

子言想了一會兒，說：「那紅色的車子我想收好。」

媽媽：「好呀，其他的呢？」

子言：「但新買的消防車我想和浩銘一起玩呢……」

媽媽：「也好呀！這次我們可以練習分享呢……對了，媽媽做你喜歡的小蛋糕，你分享給浩銘吃好不好？」

子言：「我也會有嗎？」

媽媽：「當然有！你到時候幫媽媽把小蛋糕送到客人手上！」

子言：「太好了！」

在子言的分享實習的日子中，媽媽選了孩子一起去領糖果的萬聖節，這是一個很不錯的時機，因為當天孩子們除了在家中玩耍也會一起去活動，要分享的時間會是孩子較易接受的長度。<u>如果分享實習的時間太長，對孩子的挑戰就會相對較大了。</u>

另外，在分享實習前我們也給予孩子選擇權，如果他真的有玩具想收起（例如可以是他最喜歡的、怕很易弄壞的小勞作等），他可以放它們到一個安全的地方。在心理的層面上，也可以讓孩子選擇想有甚麼玩具一起玩，透過選擇增加孩子的控制感，讓他更有心理準備去分享。而分享食物對孩子來說一般是比較容易，而又可以讓孩子感受到對方的喜悅，是開始分享實習又或是孩子的遊戲日的好選擇！

TIPS BOX

如果想與孩子進行分享實習，起初宜在人比較少的情況下進行。完成後，也可以簡單與孩子回顧當日的分享與愉快經驗，並表達對孩子的肯定呢！

靜觀育兒回顧

孩子的需要是處理行為問題的鑰匙

當我們面對孩子做不到或是做得未夠好的情況時，會不會也好像子言未能分享的情況一樣，「解決問題（problem-solving）」模式也會像子言媽媽一樣自動亮起呢？當「解決問題」模式亮起時，我們最易忽略的也許是孩子的需要，反而讓我們走遠了，更難找到合適的方法正視「孩子為甚麼做不到」這問題。

故事中的獨生子子言，他知道自己應該要分享，也嘗試着，但感受不到分享的快樂，只感受到自己少了甚麼，情緒就出來了。當着眼孩子不能分享、不能處理情緒，以「解決問題」模式去想，就不小心忽略了孩子也需要在分享中感受到快樂這個重點。

靜觀時刻
試試一起做

如果合上雙眼，回想一件孩子做不到或是做得不夠好的事，具體一點回想起那件事，那個時候，我是怎樣回應呢，是想孩子應該怎樣做？我有沒有想想孩子需要甚麼和欠缺甚麼？

如果當時沒有，現在我可以想想孩子有甚麼需要嗎？我又可以如何回應孩子的需要？

在靜觀育兒的概念中，靜觀聆聽（mindful listening）與靜觀觀察（mindful observation）助我們更了解孩子。當我們在聽孩子說話，看到孩子因做不到而有情緒，運用靜觀聆聽與觀察就是仔細聽孩

子說甚麼、他有甚麼需要、在他的位置感受他的情緒與困難；又或是如果我們是孩子，我又會有甚麼感受？

在分享的這個故事中，我們可以感受到孩子做不到的同時，他也努力過，所以做不到時倍感困擾。他可能也需要在規矩外感受分享有甚麼好處與快樂，就和我們一樣，需要正面的經驗作推動力。原來當我們聽孩子的說話與脾氣，如果可以聽真一點，看真一點，回應孩子的做不到也可以不一樣。當孩子的需要被照顧得到，他也可以做得更好！

行為問題與孩子的需要不是相對的，孩子的需要才是我們處理行為問題的鑰匙。

靜觀育兒空間
與孩子一起努力

- ☐ 當孩子有脾氣時，我有嘗試聆聽孩子說甚麼
- ☐ 面對孩子做不到的事情，想想孩子的需要、感受與難處
- ☐ 給予孩子合理的選擇權
- ☐ 尋找孩子與你也會愉快的處理方式，改善行為狀況

「嗚嗚……」弟弟突然哭了起來。在巴士站的媽媽爸爸都不明所以。媽媽還以為孩子又扭計了，立即對弟弟子俊說「收聲，唔准喊，再喊立即返屋企！」。媽媽一這樣說，剛上 K1 的子俊哭得更厲害，接下來不是媽媽要孩子回家，而是孩子一直哭着說「我要返屋企！我要返屋企！」。父母沒有辦法，只好帶弟弟和哥哥子傑先回家。

那先前發生了甚麼事呢？爸爸媽媽打算帶孩子去逛街，晚一點再一起去中秋節的花燈會玩燈籠。在等車的時候，哥哥說很想睡，於是爸爸就抱起了哥哥。原來，弟弟一留意到哥哥被抱起，就瞪眼看着媽媽，期待自己會被抱，但媽媽完全沒有看到，只是一直在和爸爸談話。等了又等，弟弟終於忍不住哭起來，而媽媽以為弟弟是不聽話了，一開口就很惡地責怪孩子，弟弟更加表達不到自己想說甚麼。

子傑子俊這兩兄弟的相處問題一直都存在，哥哥剛上小一，比弟弟年長三年。在弟弟出世前，子傑是個情緒很好的孩子，爸爸媽媽都形容他很少發脾氣又合作。他一直期待弟弟出世，並因媽媽懷孕而獨自睡覺。不過在弟弟大約一歲大時，子傑又突然要求與父母同睡，結果現在每晚床上都有四個人一起睡覺，子傑怎樣也不願意自己獨個兒去睡。

弟弟比較貪玩與樂天，而哥哥則是比較老實而且學習能力高，因為性格上的分別，平日弟弟反而常常作弄哥哥，令哥哥大發脾氣。例如，弟弟會搶哥哥的玩具，即使哥哥讓了給他，他還是會搶哥哥的下一件玩具；又會收起哥哥用來做功課的文具，結果往往令哥哥很生氣，不只一次出手推跌弟弟，常常因為發弟弟脾氣或是出手最後被爸爸媽媽懲罰。

哥哥最近常常都說「如果沒有弟弟就好了」、「我很討厭弟弟」這些說話。爸爸聽了很生氣，責備了子傑很久，着他要對年紀小的弟弟多加忍讓。爸爸和自己的弟弟相處得很好，想像不到自己的大兒子為甚麼會討厭弟弟。

靜觀
時刻

你也可試試一起做

現在請在看這本書的你，合上雙眼，想像自己是子俊與子傑的爸爸媽媽，弟弟無故哭泣，你會有甚麼情緒感受呢？你覺得孩子的行為表現如何呢？

然後，當你感覺到那種感受後，想像一下自己是弟弟，在車站很想得到父母的關注與愛護時，你會有甚麼情緒感受呢？

父母可能有的情緒

● 生氣（覺得孩子不合作）
● 無助（孩子哭着說要回家）

父母眼中孩子的行為表現

● 不合作
● 發大脾氣

孩子可能有的情緒

● 失望（沒有好像哥哥一樣被抱）
● 害怕（媽媽生氣了，而且語氣很重）
● 不被理解

現想想哥哥的脾氣，推撞弟弟，如果你是父母又會有甚麼情緒感受呢？你覺得孩子的行為表現如何呢？

然後，想像一下自己是哥哥，在弟弟出世後，爸爸媽媽都關注弟弟較多，自己又好像常常做錯事被罰，你會有甚麼情緒感受呢？

父母可能有的情緒

- 生氣（不能接受孩子討厭弟弟）
- 擔心（媽媽看到孩子的行為比從前差了）

父母眼中孩子的行為表現

- 對弟弟很兇惡
- 行為倒退

孩子可能有的情緒

- 生氣（被弟弟捉弄）
- 委屈（感到父母只懲罰自己）

Q 兄弟姐妹間相處不和睦可以怎麼辦呢？如何處理搶玩具與哭鬧的情況？

A 父母要先了解孩子的需要才可恰當地回應孩子，而解釋和懲罰只可以化解眼前問題，不能改善兄弟姐妹間的相處。

孩子行為，心理拆解

　　家中有多過一個孩子的家庭不少也會感受到兄弟間的競爭（sibling rivalry），就是兩個或以上的孩子在相處上出現爭執與問題。在了解這情況的解決方法前，不如先認識兄弟間的競爭這現象[註]：

> **兄弟間的競爭**
>
> ● 早於 1985 年的研究經已發現，在多孩家庭（多於一個）中，兄弟姐妹間的爭執是普遍的。
> ● 在一些家庭中，他們的爭執可以長達一天 8 小時。
> ● 姐妹間的感情一般來說較親密。
> ● 當孩子進入青春期，他們之間的衝突會開始減少。

看到「一天可以爭執長達 8 小時」，有沒有被嚇到呢？兄弟間的競爭這現象比想像中普遍，而成因也不難理解的。最簡單的理解就是每個孩子也希望自己是特別而被父母重視的，所以當家中只有一個孩子時，你會聽到孩子常常說「媽媽，你看看我……」，然後分享他想你知道的事情；但當家中有兩個孩子時，你在看著一個時，另一個就會感覺到不被關注了，就好像弟弟子俊看到哥哥被抱時那樣。

這個情況在長子長女身上更為明顯，明明在弟妹出世前父母都是關注自己一個，但弟妹出世後大家都在忙於照顧弟妹，又怎可能再相信自己是特別而且被父母重視呢？

另一個近年在診症中常見的情況，就是兄弟姐妹間能力較好的那個容易被忽略。因為家中成人的時間有限，經常會把關注與陪伴分給較有需要的孩子，久而久之，能力較好的那個就感到不是味兒。子傑在弟弟一歲時要求再和父母一起睡就是其中一個例子，乖巧的那一個不小心地因對待的差異而感到被懲罰，長遠也是深化兄弟間的競爭的原因之一呢！

註：

Berndt, D. J., & Bulleit, T. N. (1985). "Effects of sibling relationships on preschoolers' behavior at home and at school." *Developmental Psychology*, 21, 761–767.

Kim, J. Y., McHale, S. M., Wayne Osgood, D., & Crouter, A. C. (2006). "Longitudinal course and family correlates of sibling relationships from childhood through adolescence." *Child development*, 77(6), 1746–1761.

為甚麼爸媽不關心我？

父母專注照顧其他兄弟姐妹

⬇

孩子感到不被關注

⬇

與兄弟姐妹爭吵／出現倒退行為

⬇

父母責罵或不理睬

⬇

感到不甘心或被懲罰

⬇

討厭兄弟姐妹

孩子對於「不公平對待」比我們想像中敏感得多，當有兄弟姐妹作比較時，孩子也會比較自己被對待的方式與其他人的分別。孩子的感受沒有被照顧，那一份不甘心就容易轉化成對兄弟姐妹的憤怒了。

在兄弟間的競爭中，我們回想孩子的需要才可恰當地回應孩子，這也是為甚麼解釋與懲罰只可以化解眼前問題，而不能改善兄弟姐妹間的相處之原因。

TIPS BOX

兄弟姊妹間總有性情不同的孩子，需要不同的照顧，沒有說出需要不代表沒有需要呢！

方法 1

O 照顧孩子的感受比「公平」更重要

X 以「公平」的原則判斷誰是誰非

　　說到公平是不少父母很頭痛的事，對着兩個年紀不同能力不一樣的孩子，怎樣公平呢？孩子說的「你不公平」當然可以是投訴父母的不公平對待，同樣也可以是在說「你沒有照顧我的感受」。在看到哥哥被抱後而哭的子俊，還未到可以說出「你不公平」的年紀，但如果他被忽略的感受得到回應，情況會不會有所不同呢？

**試試
這樣做**

弟弟突然哭了起來：「嗚嗚……」
媽媽：「你在哭甚麼呀？有甚麼事嗎？」
弟弟：「我也……我也……」
媽媽：「好的不要緊，你慢慢說。」
弟弟：「我也想抱抱。」
媽媽攬了孩子一下：「原來是這樣，你也想像哥哥那樣？」
弟弟：「對呀！」
媽媽：「你想睡覺嗎？」
弟弟沒有作聲，搖搖頭。
媽媽摸摸孩子的頭，說：「那麼，不如我們談談天，媽媽和你說個中秋故事，好嗎？」
弟弟：「我想聽故事！」

當孩子有情緒時，我們先照顧孩子的感受會較易理解孩子的需要；在兄弟間的競爭中也是一樣的。孩子要求「公平」的背後，其實是在表達感受上的不足，「孩子想要得到關注」才是重點。當孩子的感受被照顧得到，父母也不一定要對兩個孩子用同一個做法（例如抱抱）才可令孩子感到受關注。

　　哥哥子傑生氣的時候情況也是相似的，事實上不少長子長女不是不願意讓弟妹，但讓了一次又一次，心中總會有難受的時候，難受與委屈沒有得到回應就成了怒氣的根源。

　　當子傑說「討厭弟弟」，到底他是真的討厭弟弟，還是不喜歡那種難受與委屈呢？在這些時侯，父母的體諒就會變得十分重要，體諒不足（甚至懲罰）可以令孩子的難受轉化成對弟妹的怒氣；恰當的體諒則可以令「不公平感」減輕。體諒與實際行動的配合就更事半功倍了，我們於下一節就會談談實際行動是甚麼。

TIPS BOX

　　父母覺得讓弟妹是應份的，還是會欣賞孩子已在努力做好哥哥姐姐呢？父母的想法也會影響孩子，所以孩子與兄弟姊妹相處的概念，也與原生家庭的相處模式有關呢！

方法 2

O 以「先點出情況，再給予選擇」的方式引導孩子解決爭執

X 懲罰不肯讓步或發脾氣的孩子，平息爭執

研究發現正面的社交技巧，如學習合作、處理爭執、情緒處理、換位思考等，都有助增進兄弟姊妹間的關係（Smith & Ross, 2007；Tucker & Kazura, 2013），而父母在處理兄弟姊妹的爭執中如可以着眼在以上的技巧，而不是不小心做了「家庭判官」就更為重要了。

面對孩子搶玩具，與其懲罰搶的那一個又或是忍不住發脾氣的那一個，想想如何教孩子們處理爭執與正面的社交技巧在長遠來說是更有效的方法。

回到子傑子俊的情況，子傑之所以發脾氣其中一個原因是他沒有辦法處理弟弟，那子傑可以做甚麼呢？父母又可以如何讓孩子學到正面的處理方法呢？我們一起看看怎樣做。

（媽媽看到子俊在哥哥讓了一架車給他後又想要另一架，這次媽媽想試試加入他們看一看。）

媽媽：「（對哥哥說）我看到你給了一架給弟弟，但他又想要另一架，是不是呀？」

哥哥：「是呢……（低下頭）」

媽媽：「你有嘗試讓弟弟，做得很好呀！」

媽媽：「（對弟弟說）我看到你想要那一架，但後來又想要這一架，對嗎？」

弟弟：「唔……」

媽媽把兩架車分別放到左右手。

媽媽：「（對弟弟說）兩架車，你現在想玩這一架，還是那一架？」

弟弟指着左手。

媽媽：「（對弟弟說）那這一架（右手）要還給哥哥了。」

弟弟點點頭。

媽媽：「很好呢！你們一會兒後想交換玩嗎？」

哥哥：「我想一起玩，弟弟不如一會兒我們比賽好不好？」

弟弟：「好呀！」

媽媽：「（對哥哥說）弟弟可能有時不知自己想玩甚麼，下一次你也可以試試問他想先玩哪一架呢，媽媽今晚再教你，好嗎？」

子傑微笑點點頭。

在這個搶玩具的情況中，媽媽嘗試以「先點出情況，再給予選擇」的方式讓兩個孩子解決爭執，同時也以增進同理心（「弟弟可能有時不知自己想玩甚麼」）的角度讓較年長的哥哥消化弟弟的行為。當然，7 歲前的孩子要處理這些爭執情況不容易，但父母也可以與孩子實習簡單的技巧，讓孩子學習在衝突中的簡單處理方法。

有時不少父母也會苦惱，當兩個孩子在爭執，除了懲罰好像不知道可以怎樣做，但懲罰卻對改善孩子的相處沒有太大作用。爭執是給予孩子學會處理衝突與了解他人的好機會，也是給孩子與父母重要的課題，正面的方式絕不比懲罰少。長遠而言，改善兄弟姐妹間的關係與合作，才是減少衝突的良方呢！

表 面對衝突與爭執時可以做甚麼？	
哥哥子傑可以做甚麼？	● 衝突中的簡單處理技巧 ● 憤怒時的情緒處理
父母可以做甚麼？	● 不帶批判性的協調（如上例） ● 協助子傑建立溫習空間 ● 與孩子們一起玩合作性遊戲與生活活動（如組隊玩桌遊、分工做甜點）
弟弟子俊可以做甚麼？	● 學習輪流遊戲（turn taking） ● 簡單換位思考，如以故事／卡通了解被搶玩具的人的感受

原生家庭的概念影響了我怎麼看孩子嗎？

「你覺得到底讓弟妹是應份的，還是你也會欣賞孩子已在努力做好哥哥呢？」我問子傑的爸爸。他說：「我本來真的以為讓弟妹是應份的……」

常常聽到父母以自己長大的經歷與孩子的行為作比較，在兄弟競爭這情況中，最常聽到的是「我從不會這樣對自己的弟弟呢」、「就算他不對，也應該要忍讓的」，但往往當與父母進一步傾談兒時的經歷時，問道他們「你喜歡爸爸媽媽甚麼事都要你忍讓嗎？」、「你那時有甚麼感受？」，卻有不少父母自己也感觸起來，發現原來自己也不喜歡這樣的處理方法。

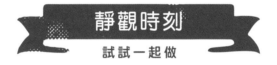

靜觀時刻
試試一起做

如果我們合上雙眼，回想自己對孩子的要求，有沒有想起自己有甚麼情況覺得要求很合理，而孩子卻做不到呢？

具體一點回想起那件事和那個要求，與自己的成長經歷有沒有甚麼關係呢？如果有，作為孩子的你，對那個要求有甚麼感覺？

回到現在，當孩子做不到我的要求時，我會有甚麼想法，有甚麼感受？孩子又有甚麼想法，甚麼感受呢？

在靜觀育兒的理論中，原生家庭的概念容易以基模（schema）思考行為模式影響我們當父母的做法，「就算他不對，也應該要忍讓的」其實是很高的要求（demanding），但即使我們不認同父母的做法，還是很容易在自己當父母時把同樣的要求放在孩子身上。

故事中的子傑與爸爸，就曾經因為爸爸的要求（孩子不可以說不喜歡弟弟）而令大家的着眼點都放在子傑的情緒反應與說話上，反而忽略了孩子們未能處理的相處問題。當發現自己對孩子某些行為與說話很敏感，或是很易生氣時，也許我們也可以留意一下是不是有些自己覺得很合理的要求在心裏響起來，它是從哪裏來的呢？我們可以選擇另一個處理方式嗎？

靜觀育兒空間
與孩子一起努力

☐ 當孩子哭鬧時，不假設孩子的行為，先了解孩子的情緒
☐ 在兄弟間的有形（如：爭注意）與無形（如：爭物品）之爭中，照顧孩子的感受
☐ 能意識到「發脾氣」可能是孩子需要的反映
☐ 了解正面處理孩子間衝突的技巧，一起學習與練習
☐ 了解原生家庭的概念對自己育兒方法的影響

註：

Smith, J., & Ross, H. (2007). "Training parents to mediate sibling disputes affects children's negotiation and conflict understanding." *Child Development*, 78, 790–805.

Tucker, C., & Kazura, K. (2013). "Parental responses to sibling conflict of school-aged children." *Journal of Child & Family Studies*, 22, 737–745.

行為

4

黑夜焦慮症

「我的房間有鬼怪！」怕獨睡的千千

千千初上 K2 後，媽媽聽說千千的同學在家中已經可以獨睡了，自己卻因長期和孩子睡而睡得不好，於是媽媽想嘗試讓千千自己獨個兒睡覺，結果過程極不順利，而且還引發了其他問題，令媽媽擔心得要帶千千求診。

到底發生了甚麼事呢？起初媽媽告訴千千「大個女要自己睡了」，做得到第二天就會由要上班的媽媽親自送她上學，千千聽到很高興，還提出明天想和媽媽外出吃早餐。可是到晚上千千在自己的睡房中不能自行入睡，很快就哭着要找媽媽，於是媽媽只好陪她入睡。

到了深夜時分，千千醒了又再次哭起來。媽媽說她在互聯網看過一些有關協助小朋友獨自睡眠的文章，指出不可以在孩子一哭就立即回應，於是她就忍着不前去孩子的房間。這個過程很難忍，千千愈哭愈大聲，然後還尖叫起來，全家人都醒了，媽媽也不忍心再讓千千哭下去，走進千千的房間便看到她哭到淚流滿面，媽媽感到很內疚。

第二天，媽媽和千千都好疲倦，大家還要上班上學，媽媽也不忍心再拒絕女兒期待的事，所以即使千千做不到獨睡，她還是送了孩子上學。

聽懂 2-7 歲孩子的情緒話 —— 父母必修的靜觀育兒課

那一天媽媽一直很矛盾，她看到了處理孩子睡眠問題的方法分成兩派：有人主張一直陪到孩子不用陪伴為止，也有人覺得要堅持才可讓孩子早日獨立。家中長輩知道媽媽的做法也有微言，認為媽媽的決定令孩子受驚了。

到晚上，媽媽和爸爸商討過後決定再試，他們一起和孩子說完睡前故事，也陪了孩子一會；而孩子可能太累，很快就入睡了。到了半夜，千千又哭起來了，這次哭了一會兒，孩子便尖叫着衝到父母的房間，爸爸媽媽當下都不知如何是好。

第二天上學，千千當然更疲倦了，她在學校睡着了，老師叫醒她後她就一直地哭，媽媽知道後更遲疑了，自己是不是真的嚇驚女兒呢？到底還應不應該嘗試讓孩子獨睡呢？

靜觀
時刻

你也可試試一起做

現在請在看這本書的你，合上雙眼，想像自己是千千的爸媽，看到女兒晚上哭到淚流滿面，又見到她衝到你們的房間，你會有甚麼情緒感受呢？你覺得孩子的行為表現如何呢？

然後，當你感覺到那種感受後，想像一下自己是千千，晚上一個人在房間，醒來後房間又黑又見不到爸媽，你會有甚麼情緒感受呢？

父母可能有的情緒

● 內疚（覺得自己令孩子受驚）
● 擔心（不知怎樣對孩子是好）
● 無助（孩子好像更怕睡覺與起床，未知可以如何處理）
● 身心俱疲

父母眼中孩子的行為表現

● 不願意自己睡覺
● 很驚恐

孩子可能有的情緒

● 驚慌（很怕自己一個）
● 沒有安全感

Q 孩子不可以獨自入睡正常嗎？有甚麼方法令他可以獨睡？

A 孩子不能獨睡，可能與焦慮有關。我們可從黑夜焦慮看兒童焦慮的處理方法。

孩子行為，心理拆解

「孩子甚麼歲數可以自己獨睡」這個問題因人而異，沒有一個絕對正確的指標。有些孩子從小就不用別人陪伴入睡，甚至喜歡自己一個人睡，笑着和父母說晚安然後乖乖留在房睡覺；有些孩子卻睡得很差、易發噩夢，也很怕獨自睡覺，千千就是怕獨睡的那一種了。

一般而言，孩子對黑夜與獨睡抗拒也和焦慮有關，這種焦慮較少在嬰兒期出現，而是在孩子的認知發展到了可以了解黑夜以至鬼怪是甚麼後才出現的。因此也有些孩子在年幼時可以自己睡，反而上了幼稚園後卻要求與父母一起睡。

雖然黑夜焦慮症不是臨床上的診斷，但它結合了對黑暗的焦慮、分離焦慮和對想像性鬼怪的焦慮，是在有焦慮問題的孩子身上一個常見的情況。

焦慮的形成

- 性情上（temperament）較易有情緒起伏
- 先天焦慮（anxiety prone）
- 身邊有較易焦慮或緊張的人
- 環境與照顧者轉變

於兒童情緒發展理論中，鮑比（John Bowlby）的依附理論（attachment theory）解釋了孩子與照顧者的情感聯繫是焦慮的成因之一。孩子自嬰兒期開始有不同的需要，例如會因為肚餓而哭、想父母抱而「扭計」，照顧者的反應就是孩子安全感的根基。孩子的需要穩定地得到回應，也造就了情感上安全感的建立，形成了「安全依附」（secure attachment），孩子知道自己有需要時照顧者就會回到身邊，不怕照顧者離開，也更有安全感獨處與探索世界。

而不穩定地回應孩子需要，就可能會令孩子較難得到足夠的安全感，形成「不安全依附」（insecure attachment），孩子可能會很怕照顧者離開，反應很大，也可以是太過沒有反應。不安全依附可以影響孩子的情緒與社交發展，讓孩子的情緒變得敏感。有時太早期望孩子可以獨立，如在嬰兒期時為了不寵壞孩子而在孩子哭的時候不抱起他；又或是當幼兒有情緒時就立即喝止他，也可以影響孩子的安全感建立與情緒發展，這些因素也與兒童焦慮息息相關。

表1 孩子常見的焦慮	
2-3 歲	**3 歲以上**
怕黑、害怕獨睡	害怕想像性的事物，如鬼怪（長輩常說的鴉烏婆、外國小朋友會怕的 wardrobe monster 等）
害怕看醫生和打針	動物
分離焦慮	被評核表現
/	社交場合

　　焦慮的孩子怕的事物也有共通點的，一般的孩子在發展過程中也可能會出現這些焦慮並會自然地減輕，但當孩子反應過大，或是焦慮情況一直沒有改善就是我們要注意的時候了。

育兒問題解難說明書

方法 1

O 與孩子談焦慮，從孩子為甚麼怕獨自睡覺入手

X 否定孩子的感受

　　怕黑與怕自己一個人睡覺可以與孩子的安全感有關，也可以與孩子怕鬼怪有關。與孩子談焦慮是應付焦慮的第一步。年幼的孩子未必可以很完整地表達自己害怕的事情，2-3 歲的孩子有機

會連「驚」這個字的運用都未掌握得很好，這個也是我們與孩子談焦慮時要注意的事。與年幼孩子談焦慮時，故事書是很好的幫手，讓孩子認識焦慮同時可以幫助父母更易了解孩子怕甚麼。

試試這樣做

媽媽：「（讀故事）他覺得關上燈後，房間很黑很可怕，就好像……」

千千：「呀！（用雙手掩着雙眼）」

媽媽：「千千怎麼了？」

千千：「我也覺得好可怕。」

媽媽：「（放下故事書）你怕甚麼呢？」

千千：「太黑了，怕有鬼。」

媽媽：「你覺得鬼會做甚麼呀？」

千千：「可能會嚇我吧……」

媽媽：「你覺得鬼是甚麼樣子的？」

千千：「我不知道，也沒有見過呢……」

媽媽：「原來如此，不如我們看看他（故事裏的主角）之後怎樣好不好？」

千千：「好呀！」

媽媽：「你看，他在晚上扮成超人和爸爸媽媽找鬼怪呢，但是沒有找到。」

千千：「（樣子猶豫）是嗎……」

媽媽：「你覺得為甚麼找不到鬼怪？」

千千：「可能嚇走了。」

媽媽：「也可能是，有機會的話媽媽和你也可以一起找找看，好嗎？」

千千點點頭。

在千千的情況中，孩子實在太害怕了，暫時不適合強行迫孩子獨睡，但我們也可以為孩子獨睡作準備。媽媽知道後就與千千談她害怕獨睡的原因。千千說出了自己對鬼怪的恐懼，而其實媽媽也不知道孩子是甚麼時候知道有鬼怪那回事。

在《不動氣也可教出好孩子》一書中，我有詳細寫過回應孩子焦慮情緒的宜與忌，其中一個要點就是不要以「怎麼會有鬼呢？沒有甚麼好怕。」否定孩子的感受與對鬼怪的認知。

TIPS BOX

害怕的感覺是很真實，即使父母很努力告訴孩子鬼怪不存在，也不可以一下子扭轉孩子的感覺，反而會令孩子不敢再與父母說出自己的恐懼。

談到這裏不得不提《怪獸公司》這套動畫，內容是為孩子改變對晚上在房間的鬼怪之印象而設，當中的鬼怪又可愛又搞笑，還會愛護小朋友，可以說是完全體現了不否定孩子的恐懼，而從正面的角度面對恐懼的好幫手。

如果孩子害怕的是鬼怪

- 多了解他們想像中的鬼怪是甚麼樣子、會做甚麼
- 然後從他們印象中的鬼怪化解恐懼
- 例如讓孩子打扮成超人與父母一起找房裏的鬼怪（雖然一定找不到，也可以讓孩子感到自己有能力應付鬼怪！）

*我們希望孩子感覺到自己更有能力，而不是需要一直依賴他人或環境為自己應付恐懼。

方法 2

 恰如其分的陪伴及不給予過多安慰

✕ 過多的陪伴或強迫孩子獨睡

　　孩子還未有足夠的安全感自己一個，也可以與我們先前提到的不安全依附有關，如果在這個情況下強行要孩子接受自己一個人睡覺，並自行處理相關情緒，反而會令孩子的安全感更差。在建立安全感的過程中有一個很微妙的原則：「我們陪伴孩子多了，孩子需要我們的陪伴反而少了」，但陪伴的做法在焦慮的孩子身上也是很重要，如果我們給予過多的安慰（reassurance），也會令焦慮不能改善，陪伴與不給予過多安慰之間的平衡，就是讓孩子有足夠信心處理焦慮的關鍵。那到底怎樣做才可以改善孩子的安全感呢？

表2 改善孩子的安全感

✕ NG 做法	✔ 合適做法
與孩子睡在同一張床，陪伴孩子入睡	讓孩子睡在自己的床上，父母在床以外的地方陪伴入睡（如坐在椅子上、房間的地上）
把自己的床讓給孩子，然後自己睡在其他地方	

待孩子睡着後自己靜悄悄離開，孩子醒後發現父母不在會更沒安全感

當孩子適應了，父母可以把距離拉開、坐遠一點

試試坐到房間外（房門打開）

告訴孩子我們會定時回去他的房間看看他然後離開（並真的定時回去）

* 增加了孩子往後自己睡的難度

* 一步步讓孩子建立獨處時的安全感（「逐漸行為改善法」）

試試這樣做

媽媽：「（繼續說故事）雖然鬼怪沒有出現，但自己一個留在黑漆漆的房間還是很可怕呢！」
千千大力地點頭。
媽媽：「你也覺得嗎？」
千千：「唔……我怕見不到爸爸媽媽。」
媽媽：「我不是在隔離的房間嗎？平時我們一起睡也是黑漆漆的呀。」
千千：「和媽媽一起我就不怕黑了。」
媽媽：「原來是這樣，不如今天晚上我坐在這張椅子看着你睡，你覺得可以嗎？」
千千：「唔……可能可以吧……」
媽媽：「不要緊，我們只是試試，看看會怎麼樣！」
千千：「好吧！」
媽媽：「千千雖然有點怕，但也肯嘗試，媽媽覺得你好叻叻呢！」

別忘了讚賞孩子的勇敢，對於緊張的孩子來說，我們的一小步是他們的一大步呢！

千千媽媽其實也在了解孩子的恐懼後，才順利開始了比較好的方法改善孩子的安全感。起初在問題發生後，千千媽媽去了孩子的房間陪孩子睡覺，但是這樣也沒有幫到孩子獨自入睡，有時孩子快睡着了，她一走開孩子又醒過來，所以才決定要試「逐漸行為改善法」（gradual behavioral modification）。

傳統的行為改善法主張比較直接的方法處理孩子睡眠問題，如孩子哭也不可以去看她，令孩子停止哭泣這行為，但這些方法不易實行，甚至還會引伸令孩子哭到尖叫的情況，深化孩子的不安全感，因此才需要實行逐漸行為改善法。

方法 3

| O | 為孩子揀選合適的獨睡小道具與練習 |
| X | 讓孩子獨自克服和處理焦慮情緒 |

如果孩子害怕獨睡，一下子又要面對黑漆漆的環境、又要學習自己一個、又要處理心中的擔心是不容易的。為了一步步適應，可善用增加孩子安全感的物品。

小道具	作用	獨睡練習
小床頭燈（最好可以調較光暗）	「逐漸適應法」適應對黑夜的焦慮	● 房間不是全黑，幫助怕黑的孩子適應黑漆漆的房間 ● 入睡時減低對黑暗的恐懼 ● 半夜醒來，可以看到房間的情況，減低害怕的感覺
● 孩子喜愛的小被子或毛公仔（stuffed toy） ● 為幼孩物色合適的安全物（safety object）	帶來正面的睡眠關聯	孩子見到它們就會想起睡眠與安全感，有效培養獨睡的習慣
利用午睡時間增加孩子對房間的熟悉感	對房間的熟悉感可增加安全感	下午沒有那麼黑暗，孩子在自己的房間獨自午睡時恐懼感會較低，是一個增加孩子對房間與獨睡安全感的好時機

*當然，孩子入睡的方式要用回當時在實行的方法才會有幫助呢！

方法 4

O 讓孩子透過正面經驗建立信心與安全感

X 用說話去說服孩子克服恐懼

相信不少父母在希望與孩子建立獨睡習慣時，都會遇過孩子半夜衝到自己房間的情景，這個情況就好像孩子遇到自己害怕的事物，如狗隻或是在社交場合遇到陌生人，而立即離開現場一樣。

如果孩子離開了自己害怕的事物，就看不到自己害怕的情況（如怕晚上有壞人在房間出現）沒有發生了。就如我們上面談及的原則一樣，<u>克服恐懼很多時不是靠說話去說服孩子，而是靠正面經驗去建立信心與安全感</u>。

 表3 孩子半夜醒來跑進爸媽房間怎麼辦？

NG 做法	✓ 合適做法
爸媽讓孩子睡在他們的床	把孩子帶回去自己的床，並沿用當時正在協助孩子獨睡的方法讓孩子入睡
把自己的床讓給孩子，然後自己睡在其他地方	適量回應孩子的情緒

如果孩子一跑回來爸媽就讓他們睡在他們的床，那孩子還是會克服不了對獨睡的恐懼。另外需要注意別和孩子在這個情況討論太多，否則會令大家都更難再次入睡。把握這個時間讓半睡半

醒的孩子快點回到睡眠，才是在那個時刻最應該做的事。當孩子成功在自己的床再次睡着，父母也可以回到自己的房間，並在第二天與孩子簡單回顧那成功的經歷。

試試這樣做

媽媽：「昨晚你醒過，你記得嗎？」

千千：「對，好像媽媽陪了我回去。」

媽媽：「你覺得怎麼樣？」

千千：「好想睡，好快又睡着了。」

媽媽：「媽媽也故意檢查了你的房間，看看有沒有鬼怪呢！」

千千：「那麼有嗎？」

媽媽：「沒有呀！你醒來時有沒有見到毛毛 Sulley（怪獸）嗎？」

千千：「（對媽媽笑了一下）我也沒有。」

由於千千怕的是鬼怪，媽媽與她回顧成功經歷也是圍繞這個主題的。她們有一些晚上一起玩過等鬼怪遊戲，有些時候也會一起檢查千千的房間，慢慢地，孩子終於儲了很多找不到鬼怪的正面經驗，而可能有關鬼怪的卡通實在太吸引，千千後來還在期待那可愛的卡通鬼怪會來找她呢！

自我照顧是自私嗎？

「千千愈哭愈大聲，然後還尖叫起來，全家人都醒了，媽媽也不忍心再讓千千哭下去，一去到千千的房間，看到女兒淚流滿面，媽媽感到很內疚⋯⋯」

父母的內疚心在育兒過程中是很普遍的。因上班時間長內疚、因孩子不開心而內疚、因責罵了孩子而內疚。在讓焦慮的孩子獨自睡覺的過程中，看着不願意獨自睡覺的孩子，也是很容易會讓父母感到內疚；而反過來看，也有父母因育兒內疚而想與孩子一起睡覺。雖然沒有一個特定的標準判斷孩子甚麼年紀才自己睡，但如果我們由孩子自己決定甚麼時候才開始獨自睡覺，真的會有一些孩子等到很大才獨睡，這樣對父母又或是孩子的發展也不一定是好的。

千千媽媽除了想孩子獨立，其中一個想孩子獨睡的原因是自己和孩子睡的時候睡眠質素很差，孩子一反身自己就醒了，每一晚都醒很多次，媽媽也很想自己可以睡得好一點，不過在起初讓孩子獨睡的過程中，不只是其他人，連媽媽自己也質疑自己有沒有太自私呢？

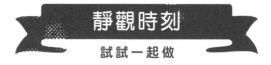
靜觀時刻
試試一起做

如果合上雙眼，回想自己對孩子的照顧，有沒有想起自己有甚麼事情覺得自己做得不足？

具體一點回想起那件事，那個時候，自己有甚麼想法，有甚麼感受？現在想起來，身體感覺如何呢？如果合適，可以在心裏告訴自己：「其實我已經很努力了！」

在靜觀的概念裏，自我照顧與自我關懷（self-compassion）是一個改善情緒與減輕壓力的重要因素。但當了父母後，不少人也卡在一個矛盾中，好像去了和朋友吃晚飯，就是減少了陪伴孩子的時間；又或是想培養孩子獨自睡覺，就是沒有像其他還在陪孩子睡覺的父母願意自我犧牲一樣。自我照顧不等如自私地漠視孩子需要，就好像千千的媽媽，她也為了照顧孩子的需要做了很多。孩子的感受與自己的感受同樣重要，好好照顧自己的需要與感受，才可以做到更棒的父母！

靜觀育兒空間
與孩子一起努力

- ☐ 當孩子感到害怕，我可以回應孩子的感受，了解孩子害怕的原因
- ☐ 見到孩子哭鬧時，同時留意自己的感受
- ☐ 在與孩子一起克服焦慮的過程不着急，也不會在未能成功時感到挫敗
- ☐ 了解自己與孩子的需要是甚麼
- ☐ 照顧自己的需要，從自己覺得合適的方向想辦法

註：

Etherton, H., Blunden, S., & Hauck, Y. (2016). "Discussion of Extinction-Based Behavioral Sleep Interventions for Young Children and Reasons Why Parents May Find Them Difficult." *Journal of clinical sleep medicine : JCSM : official publication of the American Academy of Sleep Medicine*, 12(11), 1535–1543. https://doi.org/10.5664/jcsm.6284

Part 2

挑戰式行為
與情緒篇

在與孩子相處和管教的過程中，有不少孩子的行為與情況是具挑戰性的。這些情況可以是孩子常常拖延要做的事、可以是在街上扭計不合作、可以是看手機太多看書太少。本章會與大家一起了解更多有效應對這些情況，而在生活上又可以使用得到的解難方法。

「問題」兒童

「點解啊?」問題天天都多的小傑

小傑 5 歲,他十分喜歡問問題,也喜歡答問題,但他的行為有時在父母與老師眼中,就好像欠缺合作性,父母的感覺是:好像問題永遠也答不完;而在學校,他也常常追問老師所教的內容。因為他好學的特質,他學到的知識比同齡的孩子多,也喜歡在老師問其他同學問題,而其他同學在想答案時,他就說出了答案。

小傑的爸爸媽媽不想懲罰孩子的好奇心,但又不知道為甚麼孩子喜歡問為甚麼,以及如何用更正面的方法回應孩子的好奇心。有時連吩咐孩子做日常生活的事,他也會問為甚麼,令父母回答到心也累起來,就如下面這個例子:

小傑:「爸爸,點解天上面的鳥兒會飛?」

爸爸:「有翼就會飛呀……」

小傑:「爸爸,點解有翼就會飛呀?」

爸爸:「翼是用來飛翔的,飛機也是一樣呀!」

小傑:「但點解有翼就會飛呀?」

爸爸有點煩躁地回答:「我不是說了嗎?飛機也有翼呀!」

小傑:「……但……點解飛機會有翼的?」

爸爸:「飛機的翼是安裝上去的。」

小傑:「那我都安裝一對翼,是不是也會飛?」

爸爸:「不行呀,我們是不會飛的呢!」

小傑:「點解呀?點解我們不會飛呀?」

爸爸:「好了,你是不是要去沖涼呢?」

小傑:「點解我要去沖涼呀?」

**靜觀
時刻**

你也可試試一起做

現在請在看這本書的你,合上雙眼,想像自己是小傑的爸爸,一直被小傑追問「為甚麼」,你會有甚麼情緒感受呢?你覺得孩子的行為表現如何呢?

然後,當你感覺到那種感受後,想像一下自己是個5歲的孩子,當你有很多事情想知道,但爸爸卻好像煩躁起來了,你會有甚麼情緒感受呢?

父母可能有的情緒

● 疲累 / 心煩 / 沒耐性（孩子不斷追問）
● 憤怒（孩子不合作）
● 無奈（不懂回答孩子的問題）

父母眼中孩子的行為表現

● 太多問題
● 不合作 / 不聽話

孩子可能有的情緒

● 失望 / 失落（爸媽未能回答問題）
● 害怕（爸媽責罵 / 冷淡無視）

Q 為甚麼「問題兒童」喜歡問點解？他們問點解是認真的嗎？

 A 孩子問「為甚麼」是希望以提問得到知識、談話與關注、表達我不想做這件事。

孩子行為，心理拆解

　　相信小傑的情況在大部分有孩子的家庭也不陌生。孩子在 3-4 歲起就常常問為甚麼，一直問到小學，有些孩子一直到初中才少了問問題。

　　對於孩子問為甚麼，不同父母有不同的取態，有人也好像小傑的爸爸，不是不想回答，但有時不懂得回答，有時甚至答到失去耐性了，孩子還是一直追問下去，為甚麼孩子會問「為甚麼」呢？我們應該回答還是用甚麼形式處理呢？

　　根據兒童心理學的研究發現，孩子在問「為甚麼」時不是純粹想要延長話題（雖然也是想要說話），而是主要與幾個原因有關。

表	為甚麼孩子問「為甚麼」？		
問「為甚麼」的原因			
以提問得到知識	談話與關注	「我不想做這件事」
孩子的心聲			
● 與父母和身邊的人交談是最快得到答案的方法 ● 喜歡與成人談話，並從對話中學到言語使用的方法	● 父母或較關注其他更有需要的兄弟姐妹而忽略了自己 ● 透過提問希望父母與自己對話，並從對話中獲得關注	● 不想做某件事時，就會以「為甚麼」去回應大人的要求 ● 不是想要一個答案，而是有自己不能接受眼前發生的事（就像大人問孩子「點解你未做完功課呀？」、「為甚麼你這樣也做不到？」） ● 這個情況有時會在孩子還覺得自己未做完先前的事（如：玩玩具、問問題、看電視）時發生 ● 常發生在有拖延傾向的孩子身上
發問對孩子的好處			
提問是兒童增進知識和發展語言的重要過程	每個孩子需要關注的程度也不一樣，得到父母關注的孩子心靈會較滿足	如果處理得當，可以減輕孩子在生活小事上的拖延情況

育兒問題解難說明書

方法 1

O 提供有解釋性的答案

X 只描述事實，沒有回答他們的疑問

> 處理以提問得到知識的「為甚麼」

在問「為甚麼」時，孩子到底想得到甚麼答案呢？又問到甚麼時候會停呢？心理學的研究發現，孩子在得到令他們滿足的答案後就會停止發問，或是問跟進性的問題。而一般來說，他們想要有解釋到他們的問題之回應；如果答案不具解釋性，孩子就會感到不滿足而再問下去。再問下去的方式可以是重複同一個問題，有時也會轉個方式，問差不多的事。

如果從小傑例子看，他問「爸爸，點解天上面的鳥兒會飛？」時，爸爸回答「有翼就會飛呀……」，這個就不是有解釋性的答案了，因為這個答案只是指出鳥兒有翼，而相信孩子也是知道的。爸爸再回答「翼是用來飛翔的，飛機也是一樣呀！」，這個同樣是描述孩子也看得見的事實，於是孩子就一直追問下去。

而研究發現，如果孩子覺得答案解釋到他們的疑問，他們會比較容易記得這個答案，並在需要的時候回憶起這些資訊。我在診症上也遇過不到 4 歲的孩子問我「你知道為甚麼會有雨嗎？」，

然後向我解釋雨的形成過程，當然是他問爸爸媽媽而得知的，但他還可以用自己的言語表達出來，把厚雲稱呼做「肥仔雲」，這樣一來可以說是爸爸媽媽的努力回答是沒有白費的呢！

看到這裏，相信大家也會好奇如何處理孩子形形色色的「為甚麼」，我們就以小傑的例子來說說如何給孩子一個令他們滿足的答案：

試試這樣做

小傑：「爸爸，點解天上的鳥兒會飛？」

爸爸：「有翼就會飛呀……」

小傑：「爸爸，點解有翼就會飛呀？」

爸爸：「讓我看看，好像是翼可以把空氣分開，在翼上的空氣流動得比翼下的快呢！」

小傑瞪大眼睛：「哦……」

爸爸：「不明白嗎？」

小傑：「好像明了一點點，但又不是很明白呢！」

爸爸：「其實爸爸也不太懂，不如週末我們去圖書館時看看有沒有相關的書？」

小傑：「好呀！」

其實飛行原理很複雜，而且也與鳥兒的生理結構有關，小傑只有 5 歲，太複雜的回應他也未必能了解，於是爸爸就要從他可以理解的角度給予有解釋性的答案。「翼可以把空氣分開，在翼上的空氣流動得比翼下的快呢！」小傑可以理解空氣會動，於是他也停止了提問，而換成了思考。如果問題真的太難，考起了爸爸媽媽，鼓勵孩子與你一起尋找答案（如例子中的一起去圖書館），這可以一石二鳥，既回應到孩子，又能鼓勵孩子學習呢！

方法 2

O 了解孩子的需要，處理及回應重複的「點解」

X 拒絕回答孩子重複的提問

> 處理重複的「為甚麼」

　　孩子的「為甚麼」不少時候也不只是問一次，這又是為甚麼呢？一般來說兒童的記憶比成人短暫，特別是幼兒，他們的腦部發展未完全成熟，因此即使問過的問題，他們也未必可以好好記着，所以就會出現問完又問的情況。有時孩子可能大概記得答案，但因為感到答案與那些資訊很有趣，也會在隔一段時間後再次提問，好像這個例子的情況：

NG 做法

孩子：「為甚麼會下雨呀？」
媽媽：「我們不是昨天說過嗎？你為甚麼又問呀？」
孩子：「我想再聽呢！」

　　如果遇到這些情況，較好的做法就是把問題交回孩子，即使孩子不是記得很清楚，也可以引導孩子慢慢說出。這樣做既可以滿足孩子的好奇心，也可以幫助孩子把聽過的資訊好好記着。

試試 這樣做	孩子：「為甚麼會下雨呀？」 媽媽：「（微笑）對呢！為甚麼呢？我們好像昨天 　　　　說過，你記得嗎？」 孩子：「記得！」 媽媽：「那你可以說來聽聽嗎？」 孩子：「我好像只記得少少……」 媽媽：「不要緊呀，到你不記得我可以提提你。」

　　有時候，重複的「為甚麼」也可以與記性和資訊趣味無關的，如果好像小傑例子中的情況，似乎就和記不着沒有關係了。小傑的例子中，他在短時間內，爸爸剛回答了就再問同一條問題。

　　小傑：「爸爸，點解有翼就會飛呀？」
　　爸爸：「翼是用來飛翔的，飛機也是一樣呀！」
　　小傑：「但點解有翼就會飛呀？」

　　在例子中，小傑問了爸爸兩次「點解有翼就會飛呀？」，而且第二次就在爸爸回答完之後，這個情況就是我們上述的「孩子感到未有得到到滿足的答案」，因為答案沒有解釋到有翼與可以飛翔之間的關係，所以孩子就會再問下去了。這個情況的重複提問就要從解釋性的答案處理。

方法 3

○ 給予時間上的緩衝空間，避免使用不必要的選擇

✕ 認為孩子不合作而生氣責罵

> 處理「我不想做這件事」的「為甚麼」

在小傑的例子中，最後的那句「點解我要去沖涼呀？」相信不少父母也會覺得不陌生，當孩子不想做別人叫他做的事時，常常也會問「為甚麼」，如果我們視之為不合作，一定會感到很生氣。但就如上面所談論的，與其說孩子不合作，不如說他們未準備好做我們吩咐的事情，這樣解決方法就在眼前。

> **避免使用不必要的選擇**
>
> ✖ 「好了，你是不是要去沖涼呢？」
> ✖ 「時間差不多了，5 分鐘後去沖涼好嗎？」
> ✔ 「時間差不多了，5 分鐘後去沖涼吧！」

不少孩子在突然間吩咐也會感到不願意離開自己原來正在做的事情，如果我們可以早一點給提示，這樣就可以給予孩子時間上的緩衝空間，讓孩子更易在心理上接納父母的吩咐。另一方面，也可以避免使用不必要的選擇，減少孩子在生活小事上拒絕我們的機會。如果是與拖延傾向有關，請參考 Part 2《行為 6：兒童拖延症》（p.86），我們會有更詳細的討論。

方法 4

O　回應孩子的問題，讓他們感到被關注

X　故意忽視孩子的問題，令他們不再問「為甚麼」

> 處理想要得到關注的「為甚麼」

　　不要以為不回應孩子就可以解決孩子想要的關注。如果有看過我的上一本書《不動氣也可教出好孩子》，我們也有談論過如何處理孩子希望獲得關注的情況，和錯誤使用不理睬（ignoring）的反效果。如果孩子是因感到被冷落而問問題，這不是我們不理睬孩子就可以解決的情況。

　　孩子需要關注是正常的，特別是看似自理與學習能力不錯的孩子，就更易因可以自己解決生活問題而較少得到父母與長輩的關注。我們希望的是孩子正確地獲得關注，而非要孩子問「為甚麼」這行為消失，因此較恰當的做法還是要從生活上與孩子做出正面行為時給予定期關注。不少孩子到高小的年紀就會開始少問「為甚麼」，當孩子不再問了，有其他理解世界的途徑，也可能是不再有那麼強的求知慾了，甚麼原因也好，其實當孩子不再追着我們問問題，還是會讓父母感到寂寞呢！

放下批判之心，以初心看世界與孩子的行為

「孩子的為甚麼，問到我有時都煩躁起來了。」小傑爸爸留意到，當被孩子問很多問題時，自己很容易煩躁起來。為甚麼我們會有這種感受呢？明明孩子對世界感到好奇不是壞事，這煩躁從何以來？

在靜觀的概念中，我們有所謂的「批判之心」（judgmental mind），對自己所見到客觀的事實都下了判斷，就好像小傑爸爸有時候覺得孩子是故意問完又完，只是為說而說，在孩子問問題這客觀的事實上加了自己的負面判斷，自然就會心情煩躁了。又好像孩子在生活小事上問我們為甚麼（如例子中的「點解我要去沖涼呀？」），如果我們判斷為不合作，父母又如何不生氣呢？

這一章討論孩子的好奇心，你有沒有想起自己育兒的初心與好奇心呢？就是那個對孩子的一切也感到好奇，很想見證着他們快樂成長的初心。在靜觀的概念中，另一個實踐的態度就是<u>放下批判之心，以初心（beginner's mind）看世界與孩子的行為</u>，可能會讓我們在營營役役的育兒路上更易享受及見證孩子成長的快樂！

靜觀時刻
試試一起做

現在試試合起雙眼，回想與孩子在生活上的相處，你有試過對孩子問的問題，又或是在與孩子的對話中有情緒嗎？想一下那個情況是怎樣，孩子說了甚麼，自己又說了甚麼？

當時自己有甚麼感受？有甚麼想法？我有對孩子的行為下「判斷」嗎？

也試試感受孩子在你的反應後，他有甚麼感受？有甚麼想法？

回到現在，我再想起這件事時，我有沒有其他想法？現在的感受又是如何？

靜觀育兒空間
與孩子一起努力

☐ 面對孩子不斷問問題時，我能以「初心」聆聽孩子的需要
☐ 嘗試具體解釋孩子的疑問
☐ 鼓勵孩子與我一起尋找答案
☐ 當自己感到煩躁時，我可以嘗試留意自己對孩子行為的批判之心
☐ 當孩子未準備好做我們指示的事情時，給孩子時間上的緩衝空間

註：

Frazier et al. "Preschoolers' Search for Explanatory Information Within Adult-Child Conversation." *Child Development*, 2009; 80 (6): 1592 DOI: 10.1111/j.1467-8624.2009.01356.x

Brandy N. Frazier, Susan A. Gelman & Henry M. Wellman (2016). "Young Children Prefer and Remember Satisfying Explanations", *Journal of Cognition and Development*, 17:5, 718-736, DOI: 10.1080/15248372.2015.1098649

行為 **6**

兒童拖延症

「遲啲先啦⋯⋯」做事拖延的小如

「其實我們一家有些少拖延問題，我的大女兒就好像小丸子一樣⋯⋯」小如的媽媽跟我說。「即是怎樣？」我問她。「即是甚麼事也會說『得啦！陣間先啦！』，做功課是這樣，連叫她吃飯也是這樣。」小如媽媽說。

小如一家都有拖延問題，自小如上小學後媽媽就因為這個情況而開始苦惱起來。小如不是不合作不聽話的孩子，但就是甚麼事都拖，小學要做的功課不少，也要溫習，結果每一天因為小如的拖延，她連遊戲的時間也沒有了。有時候，如果小如沒有拖延，其實她可以快一點完成功課與生活上要做的事，還有時間看電視，與妹妹一起玩，但這樣的日子一個星期也沒有一天。最近，小如好像連拿功課出來也要花很久，比讀幼稚園時的情況更差。

「好了，我們快要走了，小如收拾一下玩具吧！」媽媽催促小如。

「好呀！」但小如回應了媽媽後，小如還是很高興的繼續玩枱面上的煮飯仔玩具。媽媽說，小如就是這樣，所以她每天也好像在等小如似的。幸好學校老師說小如在學校的情況好一點。

小如的 4 歲妹妹，也和小如差不多有很多拖延問題，而小如的爸爸原來也有相似的情況。有段時間媽媽工作很忙碌，着爸爸替小如檢查功課與通告，結果爸爸說了「好呀！」卻忘記了，幾天後媽媽發現孩子的通告一直沒有交回學校。說到這裏，小如和爸爸都看着媽媽笑起來。「你們就笑得開心了，難為我每天都催促你們催得很勞氣，唉⋯⋯」媽媽無奈地說。

媽媽感到又擔心又矛盾，她覺得孩子上了小學後因為拖延問題好像常常被她責罵，她既擔心孩子的學業，又擔心再這樣下去會影響她與女兒的關係，拖延的問題除了責備外有沒有其他的出路呢？

靜觀
時刻

你也可試試一起做

現在請在看這本書的你，合上雙眼，想像自己是小如的媽媽，看見女兒日常生活的拖延問題，又要常常催促孩子，你會有甚麼情緒感受呢？你覺得孩子的行為表現如何呢？

然後，當你感覺到那種感受後，想像一下自己是小如，上了小學後少了遊戲時間又常常被媽媽責罵，你會有甚麼情緒感受呢？

媽媽可能有的情緒

● 擔心（孩子的學習與生活進度）
● 生氣（叫了那麼多次都還在拖延）
● 內疚（因常常責罵孩子）

媽媽眼中孩子的行為表現

● 拖延
● 做得到也不去做

孩子可能有的情緒

● 鬱悶（少了很多遊戲時間）
● 害怕（媽媽比從前嚴格了很多）

Q 孩子凡事都拖延是有拖延症嗎？為甚麼會這樣？我該怎樣處理？

A 孩子有拖延情況，可能是時間管理能力問題、專注力不足或出於焦慮的逃避心態。

孩子行為，心理拆解

在充滿電子產品的現今世代中，拖延問題在兒童的身上也比從前普遍了。久不久就會有父母來求助，表示對孩子的拖延情況感到無力。在年幼的孩子身上，拖延可能與不同的原因有關，而其中很重要的當然就是時間管理能力問題。

表1 孩子出現拖延情況的原因

時間管理能力較低		
腦部執行功能尚在發展中	難以計劃工作、分配時間、把事情排先後次序	不能按時處理，出現「拖延」

專注力不足 / 自我要求高 / 有焦慮特質	
對要專注的事物倍感吃力，形成逃避心態	拖延是逃避的一個呈現

時間管理能力與腦部執行功能（executive functioning）息息相關，而腦部執行功能可以幫助我們計劃工作、分配時間、把事情排先後次序等。孩子的腦部在兒童時期還在發展階段，腦部執行功能也尚在發展中，所以幼兒常常難以計劃，即使你告訴他們等待可以換取更多獎勵如糖果，他們還是會按自己心中所想做了當下最想做的事情。

當孩子上了小學，他們的腦部執行功能一般也會慢慢成熟起來，拖延與時間管理的情況會開始有所改善，但當然改善的程度也因人而異。但是，為甚麼小如上了小學的拖延情況好像沒有改善，還比從前差了呢？

專注力不足（Attention Deficit/Hyperactivity Disorder, ADHD）的孩子在生活上也容易拖延，不論是與學習有關又或是生活有關的情況都一樣。有一些孩子學習能力像小如一樣也不錯，在幼稚園時期專注力的問題沒有在學習上帶來明顯的影響，但小學的課程對學術與專注的要求也高了很多，於是便開始出現專注力「不夠用」的情況。但凡生活上需要專注的事情都會令孩子倍感吃力，於是便形成希望逃避的心態，而拖延也是逃避的一個呈現。試想想一開始做功課就會因專注不到而感到吃力，你也可能會想遲一點才開始吧！

在臨床觀察中，也有些孩子會因為想逃避自己怕的事而出現拖延行為，而孩子怕的事情可以與孩子的能力有關，也可能與過程會發生的事有關（如：父母的處理）。小如媽媽留意到孩子連拿功課出來都用了很多時間，後來大家發現除了因為小如覺得做功課很辛苦外，她也有點怕又會被媽媽說她做得慢、做得不好。因此，有些對自己要求高、有焦慮特質的孩子也會在着緊的事上表現出拖延行為，箇中原因是不可以被忽略呢！

TIPS BOX

拖延行為與專注力不足症的關係很大，如果孩子有持續的拖延行為不能改善，於臨床上檢視孩子的專注力會是不可缺少的做法呢！

育兒問題解難說明書

方法 1

O 以合作形式協助孩子管理時間

X 由父母替孩子決定如何運用時間

　　對於拖延問題，建立時間管理習慣是改善拖延情況的重要方法。時間管理能力是執行功能的一部分，而長遠而言，我們希望孩子可以透過了解自己的情況，學會適合自己的時間管理方式，時間管理是需要與孩子一起合作，而非由父母替孩子決定或編排。時間管理也可以分成宏觀的（如訂時間表、計劃甚麼時候開始溫習），也可以是生活化的（如做了兩份功課就小休一會、以提示工具提醒時間）。孩子在 5 歲左右開始有時間與次序的概念，可以訂下簡單的時間表，也是開始時間管理的好方法。而在已經升上小學的小如身上，媽媽可以怎樣與孩子開始學習時間管理呢？

媽媽：「不如我們一起編排你放學後的時間好嗎？」

小如：「怎麼編排呀？」

媽媽：「放學後你回到家，要休息一會還是立即做功課呢？」

小如：「當然是休息！」

媽媽：「那你覺得要休息多久？」

小如：「我想看那個卡通呀⋯⋯」

媽媽：「那大概是半小時？」

小如：「對呢！」

媽媽：「那不如你把看卡通寫下來，時間也寫到這裏。」

媽媽：「那接着做甚麼好呢？你想先做功課還是練琴？」

小如：「做功課吧⋯⋯」

媽媽：「好的，那可以把做功課寫到看卡通後面呢！你怎麼了？」

小如：「我怕做很久功課⋯⋯」

媽媽：「那麼，如果在功課時間中加一個小休你覺得好嗎？」

在上面的對話中，我們可以看到媽媽用了兩個技巧與小如一起編時間表，就是：

1. 給孩子合適的選擇（如休息與做功課；做功課與練琴）

2. 與孩子合作編排時間

當孩子覺得自己有份參與在時間編排上有選擇的時候，孩子會跟隨時間表的機會就會比較大。值得注意的是，即使孩子上了初小，還是在學習時間管理中，時間的編排如果太精細又或是要求孩子長時間運作，孩子還是會跟不了。

時間表運用小提示

- 在訂立了時間表的初期，大部分孩子在實行時也需要提示，而且會有跟不到的時候，別容易放棄！
- 如果有一些事情當孩子開始了就很難停下來（如：玩平板電腦、看漫畫），那就適宜編排到較後的時間。
- 如孩子可以跟着時間表，記得要獎勵孩子！

方法 2

O 把看似很大的生活項目（如溫習）變細，減少對長任務的恐懼

X 堅持要一氣呵成完成計劃

在拖延問題上，不少人都是一想起要做的事情（如做功課、寫文章、幫孩子對功課還是簽通告等）就覺得很長很難完成，於是便遲遲沒有動力開始，又或是想逃避處理，便一直拖到最後一刻。這個情況不只在孩子身上發生，不少成年人也會有相似的情況。

把大的項目變細，完成當中的細目標後配合適當的小休，對於面對這問題的人來說是一個較實際而可能做得到的方法。這個方法在心理上有助先啟動開始的動力，是應付拖延問題的對策。我們回到小如的例子，看看如何應用「把大的生活項目變細」這技巧。

小如：「我怕做很久功課……」

媽媽：「那麼，如果在做功課時間中加一個小休你
　　　　覺得好嗎？」

小如：「即是怎樣呀？」

媽媽：「你覺得甚麼功課比較易？」

小如：「數學！」

媽媽：「那開始時，先做數學好嗎？」

小如寫下時間表。

小如：「也好，然後呢？」

媽媽：「甚麼功課比較難？」

小如：「我不喜歡抄中文生詞……」

媽媽：「那數學後，我們抄生詞好，還是到最後才
　　　　抄呢？」

小如：「……都不想呀，哈哈！」

媽媽：「如果數學後，我們先抄三行生詞好，然後
　　　　休息 5 分鐘，你覺得怎樣？」

小如：「試試才知呢……」

　　媽媽與小如都覺得，當把小如最怕的功課如中文抄寫、造句
練習等拆細並配合休息，由較易的功課開始做，小如的拖延情況
開始有所改善，連小如自己也覺得做功課好像容易了一些。在面
對較長的生活項目時，把目標拆細有助改善心理上的觀感，因而
改善開始的動力！

方法 3

O 找出並正視孩子在逃避而拖延的事情

X 認為孩子拖延就是因為懶

在原因那一部分我們提到，有時孩子也會因自己害怕某些事
情又或是過程而以拖延作逃避，在診症中見過類似的情況可說是
多不勝數，例如 4 歲的孩子會因食飯時常常被罵而每次食飯也留
在枱底玩玩具；K3 的孩子因不想去補習班而拖延出門時間；又或
是小如因做功課溫習時常常被責罵而不想開始。

如果留意到孩子的拖延行為似乎與害怕有關，我們還是要正
視孩子正在害怕與逃避的事情。當面對孩子的拖延症狀時，不少
家庭都以「懶」的角度概括問題，而忽略了問題的本質。從孩子
在逃避而拖延的根源入手比盲目的催促更能有效地協助孩子改善
拖延。

小如與媽媽合作改善時間運用後，功課與溫習過程開始比從前順利，媽媽在聽到小如說怕被她罵之後也下定決心改改自己從前的說話方式。在每次又想衝動「反應」時，就先給自己做一個短的呼吸練習，才回到當下「回應」孩子。

　　媽媽回想到從前真的會忍不住口出惡言，在孩子一邊做功課時就一邊在罵，說過不少「你怎麼那麼慢，連龜都比你快」之類的說話。到問題開始改善，媽媽才醒起小如不只以拖延作逃避，先前有段時間連媽媽的睡前故事也不想聽就去睡了，原來孩子在逃避的還有媽媽呢。

TIPS BOX

因害怕而出現的逃避性拖延可以與要做的事之過程有關，也有可能與能力有關，例如讀寫能力有困難的孩子，也會在與文字有關的功課與活動上特別多拖延情況。

抗拖延工具	作用
與孩子一起編排的簡化時間表	● 讓孩子學習時間規劃 ● 具體化提示
計時器	● 可協助孩子理解「時間在過去」的概念 ● 長遠協助孩子自我監察（self-monitor） ● 少作懲罰指標，免令孩子討厭這個好工具
自我獎勵物品	● 可以是星星貼紙，也可以是孩子喜歡的小零食等 ● 在孩子完成一個小目標後作自我獎勵
有計劃的休息	● 讓孩子培養「定時休息」而不是「想休息就停下來」的習慣

表2 改善拖延小工具

我為甚麼那麼着急？

媽媽：「看到小如一直在拖，我有種『皇帝沒急太監急』的感覺，然後就會忍不住開始罵人了……」

孩子在拖延是一個問題，但父母在乾着急又是另一個問題，急到忍不住破口大罵，這又是甚麼問題呢？

媽媽：「而我明知道我一開口罵，小如就會哭，我們又要更長的時間才可完成功課了……」

故事裏的小如是有專注力不足症的孩子，媽媽也早就有這個懷疑，可是在苦惱於處理生活問題與壓力時，對孩子的理解不足而令她的情緒沉着下來，知道甚麼是對的，卻又很難做得到。這是不少父母也感同身受的情況，不論看多少育兒資訊，一面對壓力，就把學過的都拋諸腦後，你也會有這種感覺嗎？

靜觀時刻
試試一起做

試試合上雙眼，回想自己與孩子的相處，特別是有壓力的情況，如做功課、溫習、練習樂器等。

具體一點回想起那件事，那個時候，自己有甚麼反應？說了甚麼話？有甚麼想法與感受？

孩子那個時候又有甚麼反應呢?

現在想起來,身體感覺如何呢?那是我真的想要的情況嗎?

在靜觀的概念裏,我們對壓力的處理可分為反應(react)與回應(respond),反應往往很快,用回我們以往的方式處理眼前的問題,也可以帶情緒色彩;回應則是帶思考性的,以合適的方法回應眼前的情況。如何將反應轉化成回應呢?像小如媽媽了解自己的反應與常見時刻是第一步,然後我們可能會想在回應之前給自己一個短暫的空間,可以是簡單呼吸練習,也可以是在本書末段的呼吸空間練習(p.158),當我們感到較實在時,就可以把我們想回應孩子的說話以過濾了的方式呈現出來。

我們練習甚麼就會成為甚麼專家,當練習多了憤怒的反應,有沒有發現憤怒來得更快更自然呢?但同樣地,當我們練習多了正面回應,我們也可以成為回應的專家。如何將反應轉化成回應呢?就由這一刻的練習開始。

靜觀育兒空間

與孩子一起努力

☐ 當面對孩子的拖延,與孩子一起找出拖延的原因
☐ 實行時間管理的運用,與孩子一起合作學習
☐ 了解自己在壓力下的常有反應
☐ 練習回應,並接納孩子與自己也有做得好與不好的時候

小奇在 2 歲開始，就會因為得不到想要的物品如糖果而哭泣。家中長輩與工人姐姐都很寵愛他，於是他一哭，就容易得到自己想要的東西，而得到後很快就會回復笑容。起初大家都覺得沒有甚麼大問題，反正他要的都是糖果與零食為主，其他的時間他也是愛笑的孩子，而在上了幼稚園後在學校裏也沒有類似的情況。

但有一次，小奇與爸爸一起去超級市場，小奇看到自己喜歡吃的棒棒糖，說着想要，爸爸覺得他真的吃了太多糖了，於是便說不買。小奇開始哭了起來，爸爸仍然不買，小奇就哭得更大聲了，然後還賴在地上，爸爸沒有想過這情況應該怎樣做，只是在想不過是棒棒糖，最後還是買了給孩子。

可是，當父母以為這個情況在孩子長大了一點後會改善時，小奇的情況好像更差了。週末，爸爸媽媽和小奇吃了午餐後去了逛街，到了一間玩具店。

「你看這個公仔，可以走的！」小奇看來喜歡一隻會走路的玩具小狗。「是喔！」雖然媽媽知道小奇想要，但還是不想買玩具，家中的玩具也不少了。小奇又玩了一會兒：「你看，它還會叫！」「是呢，很可愛！好了，我們要回去了。」媽媽回答小奇。「爸爸媽媽，我想要！」（小奇以他的招牌笑容看着父母，但父母覺得他太多玩具了。）「好了，夠了！說了要回去就是要回去，我們不會買的！」爸爸有點不耐煩說。

小奇於是哭起來，爸爸也生氣了：「你哭甚麼呢？不准哭！再哭我不帶你回家！」小奇哭得更厲害了，又再一次賴在地上，怎樣叫也不起來。媽媽見狀，說道：「現在乖乖起來，下次我們一次過買兩隻好嗎？」

但媽媽這樣說也沒有用，小奇還是賴在地上哭。坦白說在公眾場合，父母都感到很尷尬，買又不是，不買又不是。最後，爸爸提出了去吃雪糕，小奇才願意起來。事後，爸爸媽媽也苦惱起來，下次小奇再賴在地上怎麼辦呢？

現在請在看這本書的你，合上雙眼，想像自己是小奇的爸媽，孩子在街上「扭」買東西時，你會有甚麼情緒感受呢？你覺得孩子的行為表現如何呢？

然後，當你感覺到那種感受後，想像一下自己是小奇，因為得不到想要的在哭時，以至後來被爸爸罵的時候，你會有甚麼情緒感受呢？

父母可能有的情緒

● 生氣（覺得孩子在不合理哭鬧）

● 苦惱（事情可以怎樣完結呢）

● 擔心（下一次孩子再哭鬧時可以怎麼辦）

父母眼中孩子的行為表現

● 不合理哭鬧

● 任性

孩子可能有的情緒

● 失望（沒有得到想要的）

● 害怕（爸爸很惡）

Q 孩子得不到想要的物品，就在公眾場合撒野賴在地上！有甚麼辦法解決這個令人尷尬的情況？

A 我們可以從說話與行動上的配合，以及預防性與臨場應變方法處理賴地哭鬧的情況。

孩子行為，心理拆解

相信不少父母都遇過孩子為了得到想要的物品而哭鬧，在家中發生還好處理，但不少父母都會認同在街上發生才是最大的挑戰呢！我久不久就會在街上看到這個情境，也會留意到大家也容易忽略的改變要點，今次就讓我們一起了解更好處理孩子在街上賴地要買玩具這情況吧！

等待能耐與延遲滿足的困難

等待能耐與延遲滿足（delayed gratification）都是孩子在幼兒期建立的能力。在著名的「史丹福棉花糖實驗」中，心理學家要 3 至 5 歲的孩子一起等待實驗人員回來才可以吃棉花糖，如果成功等待，就可以多吃一粒棉花糖作獎勵。在這類型的實驗中，不難發現要孩子等待原來比想像中困難，有些孩子等了一會兒就忍不住吃了棉花糖（在網上有不少這類型的實驗短片，大家有興趣都可以去看看）。

孩子 2-3 歲開始有明確的主見

在想要的事物面前表現不合作

↓

知道自己想要甚麼

↓

為了得到想要的而哭鬧

↓

要孩子等待並不容易

孩子難以等待與抵抗自己即時的慾望，在幼兒期是常會發生的情況。可是，即使孩子有等待困難，也不表示孩子就會在街上哭鬧以得到自己想要的，那還有甚麼原因令這個情況持續地發生呢？

撒野竟然有獎？

在小奇的情況，可以見到孩子在哭鬧後得到自己想要的，在他的生活裏是常常發生的事，這就是孩子持續地在街上哭鬧以得到想要的另一個常見原因。孩子成功以哭鬧（行為）換得自己想要的物品（獎勵），變相就是獎勵了哭鬧這行為了，那下一次當他有自己想要的而未能得到時，就會再一次以該行為換來獎勵了。在心理學的行為理論中，我們會在想增加孩子的好行為時給予獎勵，在我的《不動氣也可教出好孩子》一書中也有提過箇中原理。但在哭鬧後得到自己想要的，就是以獎勵維持了我們想減少的行為，當然就不能成功減少哭鬧這行為了。

每個孩子的等待能耐發展也有不同的步伐,在過程中我們還是可能有正面的方法減少哭鬧的發生!

育兒問題解難說明書

方法 1

O 溫和而肯定地回應孩子

X 措詞太強烈,令孩子情緒更激動

　　在賴地哭鬧這情況上,我們的解難方法會分為說話上與行動上的配合,也會有預防性方法與臨場應變方法。

　　溫和而肯定地回應孩子屬於臨場應變的說話上方法。在小奇的情況中,父母由於不太肯定做法,故用了很重的語氣,甚至用了一些不會發生的恐嚇式說法(「你再哭我不帶你回家」)。這些說話方法一般都會令已經覺得失落的孩子情緒變得更激動,而令大家更難令孩子的情緒平復下來。那到底說甚麼會比較好,而又可以與孩子溝通到呢?

小奇：「爸爸媽媽，我想要！」

爸爸：「我知道你想要這隻玩具小狗，對嗎？」

小奇：「對呀！」

爸爸：「我們家中的那隻玩具小狗叫甚麼名字？」

小奇：「它叫 Candy！」

爸爸：「（摸摸小奇的頭）對了，我們有 Candy 了，所以這隻留給下一個沒有玩具小狗的小朋友吧！」

小奇：「但我也很想要……」

爸爸：「不帶它回家，你是不是會有點失望？」

小奇：「是呢……」

爸爸：「可是，你是不是很久也沒有和 Candy 玩呢？」

小奇：「說的也是……」

爸爸：「所以，我們不如回家好好照顧 Candy，好嗎？」

在這個情況，我們要好好運用溫和的語氣，孩子在失望與有情緒時對父母的語氣特別敏感，大聲與重詞有時會有火上加油的效果。小奇的爸爸依然可以圍繞小狗玩具與孩子對話，回應孩子的想法與感受，但同時也肯定地表達「不會把小狗玩具帶回家」的意思。

很多人誤會「肯定」就是要用強烈的措詞（如「不買！」、「你怎樣扭我也不會買」），而我們所說的「肯定」其實是指意思上的肯定，而不是一定要用強烈的字眼令孩子更易有情緒。

回應孩子的哭鬧	溫和而肯定的回應
「想要我也不會買。」	「我知道你很想要。」
「NO！」/ 「夠了！說了不買就是不買！」	「今天我們不是來買這個的。」 （年幼的孩子對「No」會好敏感，有時一聽到就會哭了）
「你再哭我就不帶你回家！」	「買不到真的會很失望。」

TIPS BOX

我們可以安慰與回應孩子的情緒，但是盡可能不要說着說着還是買了，在平日的生活也一樣。處理問題的一致性（consistency）對孩子來說也是十分重要的！

方法 2

 稍為遠離現場冷靜下來

❌ 一直留在現場（而孩子想要的物品就在那兒）

　　稍為遠離現場冷靜下來屬於臨場應變的行動上方法，而且<u>原則是在孩子開始有情緒的時候「盡快做就是最好」</u>。為甚麼呢？因為不少父母也會發現，當我們拒絕孩子買東西時，在現場拖愈長時間，孩子的情緒起伏也會更大。

　　再者，一直留在孩子想要的物品附近，孩子也會更難控制自己。我們會在合適時機，讓孩子和我們一同稍為遠離現場。回到小奇的例子，我們可以看看怎樣做。

試試這樣做

爸爸：「可是，你是不是很久也沒有和 Candy 玩呢？」

小奇：「說的也是……」

爸爸：「所以，我們不如回家好好照顧 Candy，好嗎？」

小奇雖然點頭，但爸爸媽媽見到他的眼淚在眼睛裏滾動。

爸爸蹲下來：「好了，這裏人有點多，我們先站到那邊吧！」

說罷爸爸拖着小奇，走到玩具店近門口的位置去。

如果在孩子大哭前我們就感覺到孩子的情緒快來了，就好像小奇一樣，最好的做法就是先遠離事發現場。如果我們強硬地說「快回家！」、「走了！不要再留在這裏！」，同樣地，孩子對我們 say no（說不）的機會就會大大增加了。

與第一個方法的使用同一原理，我們在這些情況想增加孩子對我們 say yes（說好）的機會，以縮減我們與孩子間的矛盾，這也是我們建議小奇爸爸用「我們先站到那邊吧！」，而不是「你再不走我就不帶你回家」的原因了。

「我們先站到那邊吧！」這句雖然明確是指離開現場，但語氣與說法也不強硬，孩子會感到比較容易接受。當孩子遠離了想要的物品，情緒慢慢冷靜下來也比較容易。

TIPS BOX

情緒處理就如救火，等火燒到太大時，我們也需要更長的時間讓火降溫；容許孩子有降溫空間，先處理情緒，再處理事情才會更容易。

方法 3

| O | 由日常哭鬧做好孩子的行為管理 |
| X | 只着眼街上難以處理的哭鬧，忽略日常處理的重要性 |

日常的哭鬧行為管理是孩子在街上哭鬧的預防性方法之一。不少在街上哭鬧希望得到自己想要的孩子，也像小奇一樣有着過往的「成功經歷」，就是成功從哭鬧中得到「獎勵」（自己想要的物品）。因此，想預防孩子在街上賴地的情況，平日的哭鬧行為管理也是很重要的配合。回到小奇的情況，他平日就常常「扭糖果」，這個情況的處理可以如何改善呢？

試試這樣做

小奇：「媽媽，我想吃棒棒糖！」

媽媽：「你是不是剛剛吃了那小粒的糖了？」

小奇：「是呀！但我只吃了一粒，而且很小很小的。」

媽媽：「所以我們不再吃其他糖了。棒棒糖太大支了，很易蛀牙呢！」

小奇：「（開始想哭）我想要……」

媽媽：「（摸摸小奇的頭）我知道你想要。」

小奇：「（開始哭起來）我要吃！」

媽媽：「（拍拍小奇）媽媽明白的，媽媽可以陪着你。」

媽媽容許小奇哭一會兒，並坐在小奇的身旁，又給小奇紙巾抹眼淚。

媽媽：「好像好了一點了，如果你想，我們也可以玩車車比賽遊戲呢！」

小奇點點頭。

這次是在計劃下媽媽刻意拒絕小奇的要求，媽媽找了一天大家也有時間的日子去做這件事。這個情況後來爸爸媽媽也試過很多次，重點就是以回應情緒與陪伴，與孩子渡過那個哭鬧時刻。因為在家中的環境比較好控制，即使孩子哭得比較長時間，也可以堅持下去。而這個做法也不代表要以責罵令孩子服從，當中還是可以很溫柔的，也可以用其他方法帶孩子走出問題（如「我們也可以玩車車比賽遊戲呢！」），唯一不可做的只有給予孩子他哭鬧時想要的事物而已。

慢慢地，孩子就知道哭鬧這行為是不會帶來他想要的物品，而令哭鬧這行為減退。在年紀大一點的孩子身上，我們反過來還可以用他們想要的物品作為好行為獎勵，讓孩子建立更正面的方法去得到自己想要的事物。

其他可行的解難方法

- 避免去一些高危場合，特別是年幼的孩子，如去玩具店卻不買玩具。
- 在去街前說明簡單規矩，如「今天我們只是去吃飯，不會買其他東西呢。」
- 當去到敏感地方（如超級市場），邀請孩子說出已訂下的簡單規矩。
- 去街前父母可以準備孩子喜歡的小零食與小玩具，在問題出現時可安撫情緒（特別是給年幼又未能完全明白言語指令的孩子）。

靜觀育兒回顧

面對育兒風浪時，我需要怎樣的心態應對？

爸爸：「當看到小奇又在街上哭鬧，我覺得很氣餒。」

孩子的情緒來到時，有時我們也會像小奇的父母一樣，好像做甚麼也未能把情況「回復正常」而心急起來。而所謂的正常是甚麼呢？就是孩子不再鬧情緒。可是，對我們還在成長中的孩子，即使父母怎樣努力，孩子久不久都會有情緒起伏的，我們有更好的心態可以看待這個情況嗎？

靜觀時刻

試試一起做

如果合上雙眼，回想自己與孩子的相處，試想起一件孩子鬧情緒的事情，想想箇中細節。

具體一點回想起那件事，那個時候，自己有甚麼想法，有甚麼感受？你想做些甚麼？

當你感覺到自己的情況後，放開那些感覺。想想如果你是孩子，那一刻有甚麼感受，有甚麼需要？想爸爸媽媽如何反應呢？

靜觀治療中有個常用的比喻，在面對孩子的情緒，育兒的風浪中也很合用的。如果我們在一隻船上，把船駛了出海後卻發現風雨要來了，我們可以做甚麼呢？強行把船駛回岸邊可能會遇到危

險，可是留在海中心就要與風浪共存。在風浪中我們需要一些物品幫我們穩定船身，而那物品可能就是船的錨。

當孩子有情緒，我們期望他很快回復正常，就像我們期望風雨立即消散一樣；我們真正需要的是一些方法把情況穩定下來，待風雨消散後才繼續前進。

我們可以成為風浪的一部分；我們也可以是孩子情緒風浪的錨，回應孩子的情緒，陪伴孩子渡過情緒風浪。情緒的風浪會來，也會過去，心態上也許我們可以記着，風浪的背後，那片清澈的藍天其實從未消失過。

靜觀育兒空間
與孩子一起努力

- ☐ 當孩子在街上哭鬧時，嘗試溫和而肯定地回應孩子
- ☐ 嘗試稍為遠離現場冷靜下來，不只是孩子需要，有時我們也會需要
- ☐ 與孩子一起在生活上的行為管理努力
- ☐ 感到氣餒時，回想孩子情緒平復的過往經歷，明白情緒風浪總能渡過的

面試失準症

「我不想回答⋯⋯」不敢作聲的小玉

小玉平日也比較怕陌生人，不過在熱身後她就和一般的孩子一樣，很喜歡說笑，也喜歡和其他小朋友玩耍。在幼稚園裏她是一個乖孩子，學習能力也不錯，所以父母心儀為小玉揀選及投考一些功課少、活動多的私立小學，順道希望改善孩子怕生的情況。父母安排了小玉上面試班，在天天溫習下，孩子對面試班教的學術知識學得不錯。可是在錄影模擬面試中，孩子幾乎一句話也沒有說，老師和父母見到這個情況也有點擔心。

於是，媽媽開始久不久就與孩子以對答形式溫習面試內容，起初孩子也可以回答到一些，但說話說得不多；爸爸就有點着急了，直接對孩子說「你再說這麼少話，就沒有學校收你了」。爸爸說的語氣其實不重，但小玉明顯有點失落，默不作聲了一晚。爸爸急忙問問那些有孩子的朋友，卻發現大家也有說一些與孩子做得不夠好有關的話，朋友都着他不用太緊張。

第二天，媽媽再想和小玉練習面試內容時，孩子的答案明顯再短了很多，但不練習面試內容時孩子的情緒也和平日差不多。接着孩子參加的面試常常在第一輪就失敗，有一次孩子難得可以參加第二輪面試，父母也一起去了。校長問了孩子「喜歡甚麼動物」，一條不用準備也可以回答的問題，可是小玉看看父母，低下頭沒回答。出了校長房門口，小玉就哭了。回到家後，媽媽睡前嘗試和孩子談談面試的問題。

媽媽：「小玉，你今天怎麼了？」
小玉：「我也不知道⋯⋯」
媽媽：「你害怕面試嗎？」

媽媽終於把她擔心的問題說出口，先前一直因為不想孩子想負面的事，自己也不敢提起這問題。

小玉：「應該是⋯⋯」
媽媽：「你怕甚麼呀？你明明做得到的。」
小玉：「我也不知道⋯⋯我怕無書讀⋯⋯」
媽媽：「傻瓜，不會的，不要被爸爸嚇到你。」

小玉點點頭，可能那天很累，媽媽都未說完小玉就睡了。

事後，爸爸媽媽商討過，覺得孩子最近好像話也少說了，是不是太大壓力呢？還是真的因為爸爸說錯話呢？他們不只擔心孩子的情況，更擔心如果真的沒有考上任何一間學校，孩子會不會更自信受挫呢？

靜觀時刻

你也可試試一起做

現在請在看這本書的你，合上雙眼，想像自己是小玉的爸爸媽媽，看到孩子在面試中說不出話來，你會有甚麼情緒感受呢？你覺得孩子的行為表現如何呢？

然後，當你感覺到那種感受後，想像一下自己是小玉，當你在面試時，想起爸爸說如果面試不好會「無書讀」，你會有甚麼情緒感受呢？

父母可能有的情緒

● 擔心（孩子的表現與感受）
● 着急（孩子說得很少）
● 內疚（自己是不是迫得孩子太緊呢）

父母眼中孩子的行為表現

● 有壓力
● 介意爸爸的話

孩子可能有的情緒

● 緊張（對面試的過程）
● 擔心（父母失望）
● 無助（做不到更好）

Q 孩子在要表現自己的場合（如面試）緊張，不懂回答問題或行動怎麼辦呢？

A 孩子可能有「表現焦慮」，父母要了解孩子焦慮的原因，並引導他們說出感受。

孩子行為，心理拆解

在 Part 1《行為 4：黑夜焦慮症》（p.56）中，我們討論過在較年幼的孩子身上較常見的黑夜焦慮，也了解到焦慮的一些成因與處理，在本章我們會討論另一個焦慮的情況，就是表現焦慮（performance anxiety）。表現焦慮是與社交焦慮（social anxiety）相關的，在有與表現相關（如在眾人前說話、表演、面試）的焦慮孩子身上，不難發現他們對社交場合也會容易有焦慮情況。小玉在面試中的失準與日常的社交情況中，也可以見到她的表現焦慮是與社交焦慮有關。

依據美國的數據，大約有 7.1% 孩子（3-17 歲）患上可被診斷的焦慮症，而不同的患病率研究發現有大約 3-6.8% 的小朋友有社交焦慮症。特別的是在兒童發展與心理情況中，焦慮症是常常被忽視而沒有得到協助與專業治療。

其中一個主因是因為內化行為如焦慮一般很少為身邊成年人帶來困擾，也不具破壞性，而焦慮的小朋友會有困難說出自己的感受，這些情況都是令焦慮變得不起眼的原因。在臨床上有焦慮症的成人，被我問到他們甚麼時候開始感覺到自己那麼緊張時，

有一部分人也會回答其實在孩子時期他們已經是這樣，可是只是從來沒有人發現。

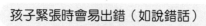

對不熟悉環境與流程的緊張感

因不熟悉面試的環境與流程、
被不認識的人評核表現而產生焦慮不安

⬇

孩子緊張時會易出錯（如說錯話）

⬇

出錯後又會更易緊張

⬇

這個循環影響了孩子在面試中的情緒

那麼如小玉一樣，在面試的失準與表現焦慮，又有甚麼成因呢？學校面試在表現相關的項目中，屬於較大壓力的一個情況。孩子在不熟悉的地方被不認識的人評核表現，比起在熟悉的班房裏在同學面前說話、沒有評估成分的環境裏認識新朋友等這些容易引起社交與表現焦慮的情況，更為有挑戰性。有時，即使孩子沒有嚴重焦慮問題，也會產生緊張感，從而對發生的事物亦會變得特別敏感，緊張與表現有時會互相影響的。

註：

Ghandour RM, Sherman LJ, Vladutiu CJ, Ali MM, Lynch SE, Bitsko RH, Blumberg SJ. "Prevalence and treatment of depression, anxiety, and conduct problems in U.S. children". *The Journal of Pediatrics*, 2018.

Costello EJ, Angold A. Epidemiology. *Anxiety disorders in children and adolescents*. 1995:109–124.

14. Chavira DA, Stein MB, Bailey K, Stein MT. "Child Anxiety in Primary Care Prevalent but Untreated". *Depress Anxiety*. 2004;20:155–164.

身邊人的緊張與期望

孩子與父母的情緒互相影響

感覺和觀察到父母的期望與着急

孩子感到更緊張

　　容易緊張與焦慮的孩子一般也較易感覺到身邊的人的感覺與期望，在面試這情況中，不少父母也不期然緊張起來：擔心孩子表現不到自己知道的、很想孩子讀到心儀的學校而着急、擔心孩子讀傳統學校太辛苦卻又怕孩子考不上私校，這些都是令父母緊張起來的原因。考小學的孩子有足夠能力感受父母的緊張，同時也會以觀察學習到父母對面試這情況的情緒反應，孩子在感受到身邊人的緊張與期望後，自己也會緊張起來。

對面試的看法

爸爸的說話影響了孩子對面試的看法

孩子「被嚇」

因為緊張而令表現更差

在小玉的情況中，爸爸說「你再說這麼少話，就沒有學校收你了」這句話除了令孩子有所擔心外，也影響到孩子對面試的看法。小玉後來真的說出了自己怕「無書讀」，令她在面試時更着緊了。如果我們對孩子解釋面試又或是其他表現情況時下了那麼「嚴重」的後果，孩子自然更怕這個情況了。有時以為嚇嚇孩子可以令孩子更認真，但在不少孩子身上看到的是被嚇之後，會因為緊張而令表現更差，在有焦慮傾向的孩子身上就更為明顯。

育兒問題解難說明書

方法 1

O 練習時以增加孩子自信心為目標

X 只以成果衡量孩子的表現

> 以讚賞而非改正增加自信

當面對表現相關的情況，一般父母都會以孩子的能力與成果以衡量孩子的表現，即是把孩子的表現以「做得到、做不到」去衡量，在聽完孩子的表現父母的反應往往是指出孩子有甚麼做得不夠好。這種衡量不是每個孩子都適合的，有一些孩子不介意父母指出改正；有些孩子則較易緊張，會感到被批評。

特別好像小玉那樣，她能力上本身做得不錯，不過緊張感與自信心影響她的表現，父母指出她說得太少，成不了動力卻成了壓力。對於緊張型的孩子，<u>面試練習宜以增加孩子自信心為目標，而不是以改正為目標。</u>

試試這樣做

媽媽：「小玉，剛才的自我介紹說得很好呢！」

小玉：「真的嗎……」

媽媽：「對呀！我覺得你說出你平日喜歡做甚麼說得很好。」

媽媽點點頭。

小玉微笑。

媽媽：「如果最後加句『好高興今日可以同你傾計。』也不錯呢。」

小玉：「真的嗎？」

媽媽：「我們試試看好嗎？」

在這次的回應中，媽媽使用了恰當的讚賞以肯定孩子的表現（「剛才的自我介紹說得很好呢。」），<u>對於緊張型的孩子，太表面的讚賞可能也未足夠，因此在讚賞回應中，我們也可以指出覺得孩子做得好的地方</u>（「我覺得你說出你平日喜歡做甚麼說得很好。」）。這一種有指向性的讚賞對於孩子來說比較實在，讓孩子感覺到自己做甚麼做得好，從而增加自信。

如果真的想給予孩子一些意見，可以用<u>「先讚賞，後意見」的步驟</u>令孩子不會感到只是被批評，而我們給予意見時也可以使用孩子較易接受的說話方式，如「這樣做可能也不錯」，又或是「要不要試試（想要改變的行為／說法）」。

在面試前，不少父母都會和孩子練習，而練習的氣氛也可能會因為父母的着緊而變得緊張。當我們和孩子練習時，輕鬆的氣氛有助孩子增強自信之餘，還可以在孩子緊張時回憶起自己成功練習經驗的作用。與其說是面試練習，不如變成「實習遊戲」，扮演老師的不只是父母，也可以讓孩子反過來扮老師與父母面試，而父母也可以出錯平常化（normalize）孩子對出錯的觀感，這些也是可以有助孩子增加信心與實行愉快練習的好方法。

方法 2

O 讓孩子說出自己的感受，疏導情緒與看法

X 避而不談孩子的擔心

不少有焦慮特質的孩子父母都不知如何與孩子談緊張的情緒，因為怕孩子說得多負面說話會更負面。其實一直把感受放在心裏不止會更難受，對於情緒調節來說也是沒有幫助的。孩子把感受說出後一般來說也會得到舒緩焦慮的感覺，而從孩子的說話中，我們也可以找到更正面的方向助孩子處理感受。

試試這樣做

媽媽：「上次我們是不是說起害怕面試？」
小玉：「是呀……」
媽媽：「你怕面試的甚麼？」
小玉：「我怕無書讀……」
媽媽：「是因為爸爸這樣說過？」
小玉點點頭。

媽媽：「唔……想到無書讀，會感到怎樣？」

小玉：「會害怕呢……怕不可以上學。」

媽媽：「如果不可以上學真是很大件事呢……不過，其實你不會無書讀的。」

小玉：「為甚麼？」

媽媽：「每個小朋友都會有書讀呀……這是規定的呢！」

小玉：「那爸爸上次說的……」

媽媽：「他以為這樣說可以幫助你準備面試……」

爸爸：「但爸爸不對了，原來這樣說嚇到你了……」爸爸抱抱了小玉。

有時候其實父母也知道孩子在怕甚麼了，但我們還是要引導孩子慢慢說出想法與感受，這樣做除了希望透過說出自己的想法與感受減輕緊張感，也是了解孩子在想甚麼多一些。如果我們不讓孩子說出感受，久而久之孩子也會不適應在自己遇到煩惱時告訴我們。

另一個重點是當孩子在說時，我們也要好好與他傾談與回應他的感受（如當小玉說「怕不可以上學。」時，媽媽回應「不可以上學真是很大件事呢！」），讓孩子理解你明白他的感受，而不是一步就跳到解決方法。如果大家想了解更多如何回應孩子，也可以看 Part 1《行為 4：黑夜焦慮症》（p.56）那一篇。

TIPS BOX

緊張與焦慮的孩子有時需要較長時間說出感受，日常生活中與孩子多看與情緒有關的故事，可以有助父母與孩子在情緒這話題上溝通呢！

方法 3

O 父母對孩子面試的自我情緒調節

X 過分緊張孩子的面試

　　父母的自我情緒調節不止在面試，在不同的生活情況如孩子的考試、表演中也可以應用得到。我們在成因那部分也談過，不少孩子會因父母的緊張焦慮而緊張起來，而如果父母看着自己的表現，情況就更嚴重了。因此，父母調節自己的情緒也是很重要的。

　　情緒調節可以與想法有關，也可以與行動有關。有時當父母嘗試了解自己的想法，也會發現自己原本不是那麼緊張的，只是在孩子考學校的壓力下變得好像只可成功不可失敗；也有父母發現自己的原意是想孩子找間輕鬆一點的學校，卻在不知不覺間在面試的過程中把孩子迫緊了。找回自己的育兒初心（beginner's mind），會否也可以助你調節自己的情緒呢？

　　而在行為上，除了多做放鬆練習與在附錄的三步式呼吸空間練習，我們也可以與孩子一起做最簡單的深呼吸練習，在感到緊張時與孩子慢慢吸氣、呼氣（為 1 次）3-5 次，除了讓自己放鬆外，也以身教讓孩子學習到紓緩緊張的方法。行為上的調節也當然少不了說話，轉換一下緊張型說話的方式，對父母與孩子的情緒調節也會有幫助呢！

情況	✗ NG 緊張型說法	✓ 正面說法
對孩子的表現給予意見	「你再說這麼少話，就沒有學校收你了。」	「你懂得那麼多，老師一定會欣賞你的，如果再講多些就更好了。」（不要忘了和孩子一起想要說甚麼）
孩子剛從面試場出來	（急急追問）「剛才老師問了甚麼？你懂得回答嗎？」	「剛才好玩嗎？」/「老師有沒有和你傾談呀？」
與孩子練習時	「我覺得你應該可以答好一些，你不是明明也知道怎麼回答嗎？」	「上次你好像說過答案呢？記得的話可以慢慢說出來呀！」

表 轉換說話方式

TIPS BOX

如果好像小玉的父母緊張得天天也與孩子練習，孩子很難不會感受到父母的緊張。面試與其他表現有關的情況一樣，過多的練習有時反而會收到反效果，孩子可以表現到原來的自己才是最理想的。

想孩子容得下情緒，先容下自己的情緒

媽媽：「其實我真的很緊張，本來都有點擔心孩子考不到好學校，後來還要擔心她緊張與失落。」

小玉的父母在孩子要去考學校時，真的感覺到迷失在育兒壓力當中。我們有時為孩子做一些決定與嘗試，本來本着希望孩子更快樂更順利的心態，但過程中的難關卻令我們容易放下了那個初心。自己與孩子一同緊張起來，面對着難題，那份焦慮就變得更難處理了。

在靜觀育兒的概念中，我們常常說「覺察」（awareness），情緒的出現，我們的反應，有時一切都來得很快，快到自己注意不到。沒有注意到自己的情緒轉變與反應，也當然注意不到自己與孩子的情緒是怎樣互相影響了。

靜觀時刻
試試一起做

現在試試合起雙眼，回想一件與孩子在生活上，有一點輕微壓力的事，可以是孩子做功課時做得比較慢、你還未知孩子考試 / 面試的結果等等……

當想到那件事情時，注意自己的感受、想法、與身體感覺，同時注意自己的一吸，一呼……

如果感覺到有些蹦緊，試試對自己說，無論那感覺是怎樣，它已經存在，我也可以試試感受一下它，並同時注意自己的一吸，一呼……

當我們可以「容下」（allow）自己的情緒，我們內心才有更大的空間與孩子一起面對他的情緒，實踐到正面的方法而不着急。小玉的父母在注意到自己的感覺後，才知道如何調節自己的着急與欣賞孩子的優點。

我們在營營役役的生活中，忽略了自己的感覺，也容易被壓力掩蓋了我們對孩子的欣賞。今天開始，你會想試試重新注意自己與孩子嗎？

靜觀育兒空間
與孩子一起努力

- □ 當孩子緊張時，了解孩子的情緒
- □ 即使知道孩子的感受，也引導他慢慢說出
- □ 覺察自己的感受，調節自己的緊張與焦慮
- □ 與孩子練習表現有關的項目時，以增加自信心為目標
- □ 注意家庭的氣氛有否被壓力影響

小桃都快上小學二年班了，她會看的書都只有漫畫書。爸爸媽媽知道小桃從小也不喜歡看書，小時候講故事她是喜歡聽的，但自己很少會拿起書來看。她有些朋友在K2就開始看書了，小桃那時認到的字很少，而她也常常把從學校借回來的書都放到一邊。

那時父母覺得她好像太多時間玩玩具，於是給小桃玩一些學習遊戲程式，覺得總好過只在玩。可是，即使媽媽是全職媽媽，當她看不住孩子時，孩子就偷偷自己看youtube，起初見孩子在看一些英文卡通，覺得孩子也可能會學到英文就讓她繼續看。

可是，在這之後，孩子更多時間在看卡通片和玩電子遊戲，對書本的興趣就更低了。由K3開始，小桃對學校的閱讀計劃都是草草了事，那時不用寫字，閱讀報告還可以畫畫應付。媽媽有時對孩子的學習態度很生氣，有時取消睡前的小故事時間懲罰孩子。

而上了小學問題就來了，學校有閱讀獎勵計劃，鼓勵孩子借書回家看，但孩子都是要「三催四請」才看兩眼，特別是中文書，也把閱讀報告寫得過於簡單，甚至被老師要求改好一些。媽媽覺得孩子長大了，應該要看多一點有文字的書本，可是孩子還是只喜歡看有圖畫的書。

媽媽：「你都沒有仔細看……」

小桃：「我看完了呀！」

媽媽：「那你知道那故事是說甚麼嗎？」

小桃：「不就是說他們去尋寶嗎？」

媽媽：「你可否給我認真看看內容呢？」

小桃：「我不想看呀！」

媽媽：「唉……」

小桃在學校的成績尚可，英文也不錯的。爸爸媽媽理解
不到她為甚麼好像對看書有點抗拒，但同樣也感到苦
惱，一方面希望孩子多看書吸收知識，另一方面學校也
真的有這樣的要求。是不是真的沒有方法可以助孩子喜
歡看書多一點呢？

**靜觀
時刻**

你也可試試一起做

　　現在請在看這本書的你，合上雙眼，想像自己是小桃的爸媽，看到孩子好像怎樣也不認真看書，你會有甚麼情緒感受呢？你覺得孩子的行為表現如何呢？

　　然後，當你感覺到那種感受後，想像一下自己是小桃，常常被叫去看你沒有興趣的圖書，你會有甚麼情緒感受呢？

父母可能有的情緒

● 疑惑（理解不到孩子的行為）
● 苦惱（未想到有甚麼方法協助孩子）
● 煩躁（當孩子拒絕仔細看書與做閱讀報告時）

父母眼中孩子的行為表現

● 不聽父母意見
● 只喜歡沒有益處的興趣

孩子可能有的情緒

● 沉悶（感受不到看書的好）
● 忟憎（常常被要求看書）
● 感到不被理解

Q 每間學校都要孩子閱讀，孩子不喜歡閱讀怎麼辦？良好的興趣與閱讀的習慣從何開始培養？

A 父母不要為孩子訂立過多計劃與目的，為孩子留一些發掘興趣的空間，讓他們選擇並體驗當中的樂趣。

孩子行為，心理拆解

在現今的社會中孩子要獲得娛樂的方式比從前方便，可是便利也帶來了煩惱。自從孩子在電視、電腦與手機中多了娛樂選擇後，孩子對其他事物，特別是要耐性的娛樂，如桌遊、閱讀、畫畫等興趣低了，甚至不願外出與運動，以上都是近年不少父母的煩惱。

在後面的章節我們會仔細談電子產品的使用處理，這一章我們會以閱讀作例子了解如何培養不同的興趣，也會理解與閱讀相關的興趣培養方法。當然，有些孩子已有自己良好的興趣，如音樂、畫畫等，而對閱讀的興趣相對會低一些，在這兒我們也不建議強迫孩子做「我們認為好」的事，只是也可以為孩子留一些可以發掘不同興趣的空間，讓孩子選擇。

認讀能力不強的孩子，對閱讀的興趣會較低？

孩子認讀能力與發展有一定的差異性，有些孩子在幼稚園時已可以自己看簡單有文字的書，有些孩子在那時認到的字不多，小桃就屬於後者；雖然孩子在學校沒有學習問題，但認讀能力不強的孩子對文字較多的書興趣自然較低。當中也有中英之間的差別，由於英文可以拼音，不少孩子也會發現英文書比較易可以自己閱讀，而中文不懂的字就要找方法知道那個字的讀音。中英之間的語言學習分別也可以影響孩子對中英文圖書的興趣。

TIPS BOX

孩子一般上了小學後有基本能力閱讀簡單的文字圖書，如果孩子認讀的困難影響學習，就要小心注意問題可能不只是沒興趣，而是有機會有臨床上的讀寫障礙。

感受不到看書的樂趣

閱讀與其他興趣一樣，我們都是要感受到其樂趣才會繼續再做那個習慣，而不少不喜歡閱讀的孩子就是沒辦法感受到閱讀的樂趣。有些孩子會被圖書的圖畫吸引、有些會被內容吸引；有些孩子喜歡故事、有些喜歡科學、有些像小桃喜歡漫畫。如果閱讀、看書就等於「要看很多文字」，又或是看大家定義為「對」的書籍，這可能才是看書沒有樂趣的原因。當孩子不覺得閱讀是趣味，閱讀自然成不了習慣，也轉化不成其他技能與知識。

TIPS BOX

當你的孩子說「我不喜歡看書」，想想他在說甚麼，可能是「我覺得看書太難了」、「我看不明裏面的內容」、「我耐性不好」，也可以是「我沒有像同學一樣看書那麼叻」。孩子的表達可以很概括，但要表達的可能與我們聽到的不一樣。

育兒問題解難說明書

方法 1

O　選擇適合孩子的書，以簡單伴讀開始

X　把書本放着，讓孩子自己讀

　　不少孩子不是沒興趣看書，但認讀能力未強到可以自己看完一本書，又或是有些孩子對於自己可以讀完的書興趣比較少，因為其內容較簡單；但自己喜歡的，故事或書本又太長，結果不少家庭家中有不少書，可是沒有看過的也很多。如何可以化解這個矛盾呢？

試試 這樣做	媽媽：「要不要睡前讀個故事呢？」 小桃：「你讀給我聽？」 媽媽：「對呀！我買了這個小故事圖文集。」 小桃：「好呀！我想聽。」 媽媽：「我一邊讀，你幫我指着我讀到哪兒，好嗎？」 小桃：「我試試看。」

　　回到小桃的情況，起初媽媽常常叫小桃自己看書，但小桃卻很少會自動做這件事。當和小桃媽媽分析過後，發現她對長故事的耐性比較弱，看英文比中文好，而她也喜歡聽故事的，但是媽媽覺得她還可以自己看英文書，反而中文書就真的困難了。

　　於是，當選擇中文書時，先選短的故事，而且有圖片的，在孩子喜歡的睡前故事時間以伴讀形式一起看。這樣既可以增加孩子的興趣，也可以從孩子比較願意參與的形式作開始。如果孩子願意，也可以邀請孩子替我們指着讀書的進度，協助孩子專注書中內容。當孩子覺得故事有趣，他可能會想再要你讀給他聽，又或是自己試試看，這就是透過孩子有興趣的伴讀與孩子培養閱讀習慣的開始了。

為孩子訂下閱讀的起步點

　　你可在下面每一項剔選最合適的起步點。如小桃就是：1）易理解：中文；2）文字：英文；3）短專注；4）漫畫／圖書；5）聽父母讀。於是小桃的父母在分析後以中文短故事圖書作伴讀

的開始。如果孩子較年幼與未有閱讀習慣，就宜以他較易理解的語言作開始，這也是很重要的。

表1 最適合孩子的閱讀起步點

1. 孩子較易理解的語言	□中文	□英文		
2. 孩子較易看懂的文字（給開始會認字的孩子）	□中文	□英文		
3. 耐性與專注	□長	□短		
4. 孩子喜歡書本的性質	□故事	□科學／趣味知識	□漫畫	□圖書（有畫有字）
5. 孩子喜歡看書的形式	□自己看	□與父母一起看	□聽父母讀出	□邊讀邊與父母交流

TIPS BOX

晚上的床前故事就是不錯的開始，讓孩子與你一起看故事書，而床前故事大約 5-10 分鐘是大部分孩子可以接受的長度。如果伴讀時父母可以扮演故事裏的角色，生動的演繹更易吸引孩子的興趣。伴讀要持之以恆，才可成為習慣呢！

方法 2

 不要迫孩子認字，讓孩子體驗閱讀的樂趣

 看書的過程不但沒趣味，而且還令孩子害怕

在小桃的情況中，閱讀其中一個沒趣味的原因是常常因閱讀報告而被催促看書，而父母也要她把裏面的字讀出來，每次看書的過程也帶不情願與困難呢！如果閱讀有着不同而強烈的學習目的，其實不少孩子也會對閱讀失去興趣。閱讀能幫助孩子學到新知識，但是要在自然的情況下因多閱讀而有知識增長，而不是因被強迫而學到的，這不應是閱讀的最大目的。人一般會在體驗到樂趣下維持一個行為，閱讀也是一樣，讓孩子感受到閱讀的樂趣才是培養閱讀興趣的鎖匙。

試試這樣做

（媽媽與小桃剛說完一個小故事）

小桃：「為甚麼那個金子這樣懶？他的樣子也很有趣，哈哈。」

媽媽：「對呢⋯⋯幸好我們不像他！」

小桃：「我也懶呀，不過不會懶得像他一樣，太好笑了！」

媽媽：「你好像很喜歡這個故事？」

小桃：「對呀，明晚我想聽多一次！」

媽媽：「好呀，不如明晚你扮金子好不好？」

小桃：「他太懶了，我想想扮不扮好，哈哈！」

當小桃的媽媽紀錄了自己請孩子看書的情況，就想起自己好像很久沒有和孩子愉快地讀故事了，可能上了 K2 開始，媽媽常常想着要為孩子上小學作準備，閱讀都變成功能性的，也很少和孩子說睡前故事。

　　於是在選了合適的書後，媽媽選擇了很有趣的故事作開始和孩子一起讀，內容和孩子喜歡看的漫畫也相近。這個故事也講了 15 分鐘，但小桃的興趣沒減，還想再聽多次。

　　<u>我們知道孩子喜歡甚麼，要讓孩子體驗閱讀的樂趣就更容易了</u>。媽媽可是忍耐了一陣子，才把過往慣性抽問孩子圖書裏面生字的習慣放到一邊，改以角色扮演引導孩子讀讀內容。

　　值得留意的是，小桃的閱讀興趣培養，也配合了電子產品的使用調節，才發揮到功效呢！詳看 Part 2《行為 10：沉迷電子產品》（p.142）。

　　希望孩子體驗閱讀的樂趣可以是很有彈性的，過程好玩、書本對孩子來說吸引、看漫畫也有字有畫，這種閱讀模式對不少孩子來說也是不錯的開始。重點就是以興趣維繫興趣，把沒興味的元素放到一邊，才可把興趣內化到孩子身上！

表2 說話與做法令閱讀變得不一樣

情況	✘ NG 做法	✔ 合適做法
請孩子一起讀	「這個字怎樣讀？這句呢？買了這麼多書給你，不可能也講不到故事吧！」	「不如你扮白兔，講講這句對白？」/「你喜歡的漫畫，也可以講給我聽聽嗎？」
想增進知識	（沒指向的抽問）「你記得為甚麼嗎？剛才有沒有留心聽？」	「剛才說水是怎樣變雲呢？向上還是向下？」
閱讀目的	「你再不看就做不完閱讀報告／無學校收你了！」	「這個故事有趣嗎？聽得開心嗎？」
當孩子累了	「才 5 分鐘呢，這個故事那麼短你先要聽完！」	「那不如我們讀完這頁，明天繼續？」
發掘孩子有興趣的書本	父母自己買了自己覺得適合孩子的圖書	定期帶孩子去圖書館／書局逛逛，留意孩子會選甚麼圖書

TIPS BOX

孩子自發學習比我們強迫學習快，花時
間與孩子培養自發學習在長遠而言更值
得呢！

靜觀育兒回顧

我的過度計劃反而弄巧成拙？

媽媽：「我很認真地想，好像我計劃了的，反而都沒有發生，為甚麼呢？」

小桃媽媽做事認真，爸爸也是實事求是，所以他們時時在想做某件事的目的是甚麼，例如玩平板電腦遊戲想訓練腦筋、看書是為了認字與做功課、看英文卡通可以學英文；而沒有目的的事物，如玩玩具、睡前故事等就被剔除了。

直到孩子真的越來越抗拒看書，玩電子產品的時間多了，才引來小桃父母反思自己的計劃是不是過度（over planned）了？為甚麼計劃了反而做不到呢？

靜觀時刻
試試一起做

如果我們合上雙眼，回想孩子於生活上我們為他計劃的一件事、事情的經過，想想孩子的反應是如何？他的感受是怎樣呢？

我們回到現在當下，我的感受又是怎樣呢？我可以一邊注意呼吸，一邊注意自己的感受，慢慢做 8-10 下呼吸，感受當下。

在靜觀的概念中，提到我們常常在解難模式（doing mode）下生活，有很多計劃（planning）解決將來的困難，而忽略了相對的體驗模式（being mode），就是感受當下（present-focused）的生活，着眼當下的感受。

在孩子的興趣培養中，如果我們太過多計劃與目的，就享受不到當下的過程。而偏偏如果孩子的興趣是有趣味的，當下的體驗是有樂趣的，往往比計劃更可以把興趣維繫下去；忽略了沒有目的的過程，光是看着目標，不足以令孩子找到做一件事、一個興趣的原因。

小桃與媽媽回到小桃很喜歡的睡前故事中，媽媽也請小桃與自己一起看孩子喜歡的漫畫，在這個過程一來一回的閱讀中，又哪怕孩子學不到字呢？

靜觀育兒空間
與孩子一起努力

☐ 如孩子對閱讀抗拒，先找出原因
☐ 由孩子的興趣出發，選擇孩子喜歡的內容與合適的閱讀方式
☐ 以正面體驗培養興趣
☐ 與孩子一起享受興趣的當下

沉迷電子產品

「給我手機！」沉迷玩手機的天朗

天朗剛上了 K3，他是個身形高大的孩子，也因為這個原因，當他用力的時候，媽媽也招架不了。為甚麼會說起他的力度呢？天朗小時候有些時候不太合作，如果沒有 youtube 卡通片看就不肯吃飯，當時大家也不以為然就由他邊看邊吃。可是，慢慢地他不只看卡通，也玩平板電腦裏的小遊戲。當上了幼稚園後，還未認得 A-Z 的他已經會自己下載遊戲玩了，天朗一放學就開始對着平板電腦玩，那時大家還在笑說孩子好像用平板電腦的小高手。

爸爸媽媽的耐性很好，即使天朗好像真的對着平板電腦有點長時間，他們都是嘗試正面去看孩子的行為。有時候，如果天朗一家人外出吃飯，天朗都會很高興，因為他可以由上車開始一直拿媽媽的手機玩，直到吃完飯回家為止。

後來，有一次媽媽帶天朗去同學的聚會，媽媽發現天朗玩了一會兒就沒興趣和其他人玩了，他會回到媽媽身邊，要媽媽給他手機玩小遊戲。

媽媽：「不可以呢！今天我們和同學在一起，你先去和
　　　同學玩吧……」
天朗：「我不想玩了，你把手機給我吧！」
媽媽：「真的不行呢！這樣很沒禮貌的。」
天朗：「你快點給我！」
說罷他就一手搶了媽媽的手機，媽媽想拿也拿不回來。

回到家裏，媽媽與爸爸商討這個問題，他們想嘗試限制孩子用手機與平板電腦的時間，卻發現比想像中困難得多。孩子往往開始了就不肯把手機交回，強行拿回來又會哭鬧一番；天朗又未懂得看時間，對他說「看 30 分鐘好了」他又不太明白是甚麼。

當爸爸媽媽放工回家，又發現孩子原來正在玩平板電腦裏的遊戲，而天朗對其他玩具和圖書都沒有興趣。爸爸媽媽開始擔心孩子再長大會怎樣呢？會不會更不受控地玩手機遊戲呢？

靜觀
時刻

你也可試試一起做

現在請在看這本書的你，合上雙眼，想像自己是天朗的爸媽，看到孩子不能放下電子產品，也會因電子產品而發脾氣，你會有甚麼情緒感受呢？你覺得孩子的行為表現如何呢？

然後，當你感覺到那種感受後，想像一下自己是天朗，當被爸媽收起自己很想玩的手機遊戲時，又沒有其他自己感興趣的事物，你會有甚麼情緒感受呢？

父母可能有的情緒

● 生氣（覺得孩子不合作）
● 擔心（不知道如何令孩子少用電子產品）
● 自我責怪（覺得自己應該早一點限制孩子使用電子產品）
● 身心疲憊（孩子天天因電子產品而哭鬧）

父母眼中孩子的行為表現

● 過分依賴電子產品
● 對抗父母的指令

孩子可能有的情緒

● 心癢（很想再看看和玩玩電子產品）
● 疑惑（未能理解父母想說的規矩）
● 生氣（因父母拿了自己喜歡的東西）

聽懂 2-7 歲孩子的情緒話——父母必修的靜觀育兒課

Q 如果孩子沉迷電子產品，對社交活動及其他事物不感興趣，可以怎樣改善？

A 孩子使用電子產品前，訂立適合他們的規則，並照顧他們的困難，想辦法與他們一起進步。

孩子行為，心理拆解

使用電子產品多久算是過多？

在使用電子產品（包括平板電腦、手機、電視）這個問題上，首先我們檢查一下孩子使用電子產品有沒有過量吧！

根據美國的疾病預防控制中心的資料，現時美國 8 至 10 歲的孩子每日使用 6 小時電子產品，但中心建議減至 1 至 2 小時；而加拿大兒科醫學會的資料則顯示當地 3 至 5 歲平均每日使用 2 小時電子產品，建議 2 至 5 歲每日使用少於 1 小時，而且最好不要養成每天必用的習慣，而 2 歲以下的兒童不建議使用任何電子產品。

表 使用電子產品的小檢查		
歲數	使用時間 （以單日計）	注意事項
2 歲前	不宜使用	/
2 至 5 歲	少於 1 小時	最好不要養成每天必用的習慣；最好與成年人一起使用
5 至 7 歲	1 小時，不多於 3 小時	注意接下來「成因」那部分，不是每個小朋友也適合習慣性使用電子產品

　　以上的電子產品使用時間以非教育性質為主，但是使用較少（比以上再少一些）的時間會比較理想。長期使用電子產品有機會影響孩子的語言與認知發展，而沉迷電子產品更會令孩子更難建立正面興趣（如閱讀、運動、藝術等）。

> 電子產品比你更了解孩子的心理

　　現在的孩子為甚麼都喜歡玩手機遊戲呢？記得我們在 Part 2《行為 7：在公眾場合撒野賴地》（p.100）那篇說過的延遲滿足（delayed gratification）困難嗎？電子產品就是正好為你提供即時滿足（immediate gratification），而不少電子遊戲也是針對大家即時滿足心態而設計的。

難以等待與抵抗自己即時慾望是幼兒期的常見情況，而電子產品的特性就是不用等待，並提供正面加強效果（positive reinforcement）如獎勵，令不了解電子產品運作的幼兒也樂在其中。

想想從前看卡通，我們要等每天下午 4 時半，看 1 小時就不會再播放了；現在串流式平台可以一直播下去，甚麼時候想看也可以，也可以自動播放（auto-play）下一個相關短片，令孩子更難停下來。而在電子遊戲的情況，那些時間短、快過關，而過關後總會有星星獎勵的小遊戲，有些孩子未懂說話就會玩了，而且見到遊戲後的獎勵會非常高興，有甚麼興趣可以比這些遊戲更易獲得滿足感呢？

專注與自控力弱的孩子更受影響

電子產品的性質一般以即時性、不用等待和快有獎勵為主，這些特質對專注力與自控力弱的孩子影響更大。專注力弱的孩子在玩遊戲時有喜歡轉換遊戲的情況，在不同的玩具與遊戲也會有持續專注地玩的困難，而電子產品如平板電腦的設計就是可以轉換很多不同的遊戲或是正在看的影片，這種特質更易滿足到專注力弱的孩子之需要。而自控力弱的孩子在要完結屏幕時間（screen time）會比較困難，就好像天朗的情況那樣，一把手機給他，他就不想歸還給父母。

當電子產品大行其道，很多父母都給孩子玩手機並以為「只是玩玩沒問題」。可是，2 至 7 歲是孩子建立興趣與生活習慣的黃金期，如果建立了對電子產品的過分依賴，並從中得到即時滿足而令孩子更難對其他事物提起興趣，這就不是沒問題了。

TIPS BOX

Bill Gates 的女兒在 14 歲才使用手機，Steve Jobs 在生時也有限制自己的孩子使用電子產品的時間，恰當地使用電子產品的重要性連電子產品發明者也同樣重視呢！

育兒問題解難說明書

方法 1

O 使用電子產品前「先說明規則，後開始使用」

X 任由孩子自行使用電子產品

不知道看完上面那一段解說後有沒有令你想把家中的平板電腦都收到孩子見不到的地方？先停止使用是最簡單直接的，不過即使繼續使用，我們也可以有方法令使用變得更合理。

在天朗的情況裏，他起初是可以自行使用電子產品，而期望幼兒可以自行控制使用時間是很困難的，所以在使用電子產品這情況下，我們反而希望孩子可以知道規則並遵守，而非任意使用。於是爸爸媽媽在求診後都決定在他們上班時收起平板電腦，並向孩子說明不可以再使用父母的手機，規定了只有父母都在家的某固定時間才會和孩子一起看平板電腦（co-view）。

試試這樣做

天朗：「媽媽你回來了！我們可以用 Ipad 嗎？」
媽媽：「你等一等，記得我說過甚麼時候可以用嗎？」
天朗：「媽媽換好衣服後！」
媽媽：「那你就要等等我了！」

在使用規則初期，如果孩子好像天朗一樣本來是很難放下平板電腦的，我們的規則會定在一個孩子有機會可以做得到的水平，這就是媽媽清楚說出「換好衣服後」（孩子明白的時序）就會一起玩的原因。有趣的是，當父母向天朗說明了上班要用平板電腦後，起初孩子也哭鬧了一段時間，但之後在父母不在家的時間就沒有再向其他人要求使用平板電腦了；而父母為了不讓孩子自行拿手機，也故意盡量不在孩子面前使用。

試試這樣做

媽媽：「開始前考考你，記得我們說甚麼時候要收機呢？」
天朗：「要吃飯時！」
媽媽：「對了，你今天想玩甚麼？」
天朗：「我想看 PJ Masks！」
媽媽：「好的！你想看一集，還是看半集呢？」
天朗：「一集呀！」
媽媽：「唔……好吧！」
天朗：「太好了！」

在這兒，我們可以見到媽媽除了平日說好了規則，在真正使用平板電腦前會再以問題形式讓孩子說出規則（「開始前考考你，記得我們說甚麼時候要收機呢？」），並給予有限度的選擇（「你想看一集，還是看半集呢？」），這樣做除了可以管理孩子對使用電子產品的期望外，也可助孩子更願意守着訂下的規則。

值得注意的是，讓孩子不要習慣使用父母的手機也是重要的規則，父母的手機不論在內容、使用地點與時間都較難控制（如在外用膳的時間可以很長，也不方便使用方法 2 時〔見下文〕），對於訂立與執行規則方面可能會有所影響。

TIPS BOX

不要訂下太難遵守的規則，我們希望孩子習慣守規並可以欣賞他的努力，而不是給他一個可以不遵守規則的印象，也不想因規則而令我們常常要以強烈的態度對待孩子。當孩子在守規上有了成功的第一步，我們才可向第二步前進，同時也別忘記照顧孩子在守規則初期的情緒反應。

方法 2

 利用電子產品的性質自然完結使用時間

X 在孩子使用中段突然要他交還電子產品

在與使用電子產品的訪問形式研究中，發現如果利用電子產品的性質與功能，如停止串流的自動播放（auto-play）功能、在機內訂下使用時間限制，甚至只是產品無電，也可以有助孩子以較順利的方式完結使用。在孩子還未適應有規律的使用時間與使用規則時，這就是父母協助孩子交還電子產品的好幫手。我們看看最簡單的使用例子是怎樣吧！

試試這樣做

媽媽：「唱歌時段到了（卡通片結尾）。」
天朗：「對呢！停了。」
媽媽把平板電腦關上，合上了保護套。
媽媽：「好了，把它給我吧！」
天朗：「我還想看……」
媽媽：「明天你看不看呢？」
天朗：「看呀！」
媽媽：「好的，明天再一起看！」

當遊戲又或是卡通結束時，是最好的完結使用時機。試想想如果孩子的卡通看到一半我們要他交出平板電腦容易一些，還是在卡通的完結時要他交出容易一些呢？因此，我們先前提到的自動播放下一集的功能如果關上，不少父母也會發現比較容易讓孩子停止使用下去。

　　對於自控能力較弱的孩子，我們還可以使用其他設定，如程式使用時限令程式自動完結，天朗的父母也把手提電腦裏的娛樂功能設定到 35 分鐘（剛好足夠看完一節他喜歡的卡通）。雖然，在先說好了規則後天朗成功交還平板電腦的次數多了，但那個時限在不成功的日子就發揮了很重要的功效。

　　你可能會疑惑，如果用程式使用時限也可以解決問題，為甚麼還要與孩子訂立使用規則呢？這是因為孩子會長大的，我們希望在他年紀還小時讓他建立有規律的電子產品使用習慣，並培養自己實行的習慣（如自行停止使用），到孩子長大後未必會再跟從父母的規則時，也可以有一定的自控能力。

與減少使用電子產品的最佳拍檔合作

　　孩子不可能沒有娛樂，因此在計劃減少使用電子產品的同時，我們也要計劃為孩子增加甚麼興趣與娛樂，讓孩子可以在興趣上調節。

在天朗的情況中，父母回想起孩子對英文漫畫圖書比較有興趣，在實行減少使用電子產品時也給了孩子英文漫畫圖書作獎勵，天朗對於自己得到了一整套英文漫畫圖書感到很高興（還很喜歡邊看邊讀），父母就更易實行計劃了。當你希望實行減少使用電子產品計劃時，也可以好好計劃孩子興趣上的調節！

興趣應以孩子喜歡的事物作起點，也別忘了 2-7 歲的孩子也很需要運動時間，少了使用電子產品並增加運動時間也是好的配合呢！

育兒的包容與規則上的限制

媽媽：「我起初以包容與欣賞的心去看孩子的行為，沒想到有一天我開始質疑自己是不是做錯了。」

在「正向育兒」與「靜觀育兒」中也有包容與接納（accepting）這概念，天朗的父母很努力做到包容與接納孩子的行為，卻發現自己的包容好像助長了孩子的行為困難。包容與限制的矛盾可以如何處理呢？我們不想挑剔孩子，是不是就不可以訂立規則呢？

靜觀時刻
試試一起做

如果我們自己合上雙眼，回想孩子的行為，有沒有想起甚麼讓你擔心的情況呢？

具體回想起那個情況，想像一下孩子的行為持續下去，我會有甚麼想法和感受？現在想起來，身體有甚麼感覺？

我覺得怎樣做是合理的？我的要求太多嗎？還是孩子也有可能做得到的？

當面對包容與限制的矛盾時，我們可以理解為不接納的是對那件事，而不是對孩子；可能那個情況維持下去，對孩子的影響大於得着，就好像天朗使用電子產品一樣。而規則上的限制，不等於

我們對孩子本身的不包容，我們於訂立規則時的考慮、照顧到孩子的困難、想辦法與孩子一起進步，也是因為對孩子包容而來的。

正向與靜觀育兒不是主張無規則下任由孩子決定所有事，在合適的情況我們給孩子選擇、在情緒上我們照顧與理解孩子與自己的感受、在孩子有需要時以孩子的能力出發，訂下可以達成的行為與生活目標，才是立體地體現對孩子的包容。

靜觀育兒空間
與孩子一起努力

- ☐ 檢視孩子的電子產品使用時間與情況
- ☐ 理解孩子的特質，訂下合理的電子產品使用方式
- ☐ 執行規則時，先說明後執行
- ☐ 規則與方法依照孩子的能力規劃
- ☐ 時常提醒自己，包容孩子也可以使用合理的規則

註：

Duch, H., Fisher, E. M., Ensari, I., & Harrington, A. (2013). "Screen time use in children under 3 years old: a systematic review of correlates." *International journal of behavioral nutrition and physical activity*, 10(1), 1-10.

Hiniker, A., Suh, H., Cao, S., & Kientz, J. A. (2016, May). "Screen time tantrums: how families manage screen media experiences for toddlers and preschoolers." *In Proceedings of the 2016 CHI conference on human factors in computing systems* (pp. 648-660).

"Screen time and young children: Promoting health and development in a digital world." *Paediatrics & Child Health*, (2017): 461-468.

附錄

當遇到育兒挑戰時，父母可能會感到憤怒、難以對孩子平靜說話，本章我們一起試試聽着錄音做靜觀練習，讓自己以更清醒與覺察的心去回應育兒的壓力。

練習一：三步式呼吸空間練習

三步式呼吸空間練習是一個生活化的靜觀練習，它不會佔很多時間，可以每天練習，並讓我們從自動化思想與反應中更留意到自己的狀態，以呼吸連接自己，從而回到此時此刻，並以更清醒與覺察的心去回應現實的壓力。

當我們有衝動反應，如感覺到憤怒、難以對孩子平靜說話，也可以試試做這個練習，然後看看我們會否有其他方式回應那個壓力情況。

> ### 第一步：變得覺察

我們以一個清醒的姿勢坐下，可以的話合起雙眼，這樣更能覺察此時此刻。然後，把你的覺察與專注帶到你的內在經歷，留意自己的內心與身體現在的狀況。

※ 現在身體有甚麼感覺呢？
※ 有甚麼情緒感受存在？
※ 腦裏有甚麼想法？

不用刻意改變任何事，只需留意到它們，知道它們是甚麼就可以了。

第二步：把注意力回歸到呼吸

重整專注，留意呼吸時下腹的感覺，把專注安頓在呼吸，感覺完整吸氣時的感受，與感覺完整呼氣時的感受，留意自己的一吸、一呼。

第三步：擴展專注

現在，把專注擴展到全個身體、坐姿，以至面部表情，就好像整個身體在呼吸一樣。覺察到全個身體的感覺，柔和與開放地感受現在的體驗。

如果可以的話，把現在這份覺察帶到生活的下一刻。

三步式呼吸空間練習

註：

Segal, Z. V., Williams, M., & Teasdale, J. (2018). "Mindfulness-based cognitive therapy for depression." *Guilford Publications*.

練習二：角色轉換感受練習

角色轉換感受練習是帶我們回到與孩子有矛盾與衝突的經歷，感受與照顧自己的感覺，同時也去感受孩子的感覺。衝突不只有衝突本身，也有讓我們增加互相了解的作用。與孩子化解矛盾與衝突對彼此的關係十分重要，當我們有更廣闊的角度看大家的關係，也許我們也會有不同的方法應對眼前的壓力。這個練習比較適合聽着錄音去做。

角色轉換感受練習

用一個舒適的姿態坐下，可以的話合起雙眼，留意自己的身體在這個坐姿下的感覺，以及身體與椅子接觸點的感覺。

把一個你因孩子而生氣的情況帶到腦海裏，一個你不介意留在腦海裏一段時間的情況，在這個情況裏，你對自己的行為也感

註：

Bögels, S., & Restifo, K. (2013). "Mindful parenting: A guide for mental health practitioners." *Springer Science & Business Media.*

到不太高興，如因為你發了脾氣，又或是感到自己有些失控。把這個情況想像得真實一些，就好像現在正在發生一樣。

你與誰在一起？你在做甚麼、說甚麼？其他人又說了甚麼？你有甚麼感受？身體有甚麼感覺？有甚麼想法在腦海中出現？有沒有甚麼衝動？

當你有一個關於那件事的清晰影像，請把專注帶到此時此刻。你注意到甚麼身體感覺、情緒感受與想法？關顧一下自己的感受，對自己說，不論我感受到甚麼也可以的，讓我感受那些情緒，可以是憤怒、擔心、失望……

然後，把專注帶回呼吸，感受空氣吸入身體與呼出身體的感覺，讓覺察跟隨呼吸，注意身體感覺，留意有沒有甚麼地方感到繃緊。

當你準備好，在下一口呼氣時，把專注移到你的孩子身上。孩子在那個情況時，有甚麼感受？有甚麼身體感覺、想法、衝動？容許孩子也去感受他的感覺，容許他感受憤怒、失落、受傷與害怕。你可以告訴他：「不論你感受到甚麼，也是可以的」嗎？

當你感受到這些感受後，你有甚麼想對你的孩子說嗎？你可以在這想像中試試對他說嗎？

今次書中提到的兒童行為不少也是在診症中常見的育兒問題，這兒特別再談談最常被詢問的問題。可能由於我常常為專注力不足的孩子看診的關係，第一條最常常被問到的問題是：

Q:孩子怎樣算是不能專注？孩子可以專注多久？

有趣的是，我發現近年不少父母在孩子 3 歲未到已經開始擔心孩子的專注；也可能因為在疫情下孩子都要上網課，父母為了不能專注上網課的孩子很頭痛。其實 2-3 歲的孩子專注的時間本來就是很短，如果沒有成人陪伴，不少孩子在靜態活動中（如看圖書、玩玩具）10 分鐘左右就可能會開始分心。

那麼較年幼的孩子不能專注怎麼辦？在有成人陪伴、有人互動的情況下，孩子們一般就可以專注較長時間。而上了幼稚園後，大家會發現孩子的專注力會不斷進步，到 K3 應該有足夠的專注力完成學校功課。

可是，專注力不足症在孩子幼兒期經已可見端倪，如果孩子持續在學校不能專注學習、在家中做功課也常常分心，而在生活上如玩遊戲時也常有分心和轉換正在做的事，就要開始多加留意了。

而孩子上了小學後，學習與生活專注的需求大了很多，因此，即使孩子沒有活躍特徵，也可以因專注力不足而有完成功課有困難，常有不小心錯漏、抄漏手冊和忘記帶所需物品等情況。

值得注意是，本書也提過的電子產品的使用，即使孩子可以長時間專注在電子產品，也不可以算是專注的表現，詳情可參閱 Part 2《行為 10：沉迷電子產品》（p.142）。

在 Part 2《行為 6：兒童拖延症》（p.86）那一篇我們也提到，把長的任務包括功課與溫習拆細、與孩子學習時間管理與專注應對策略也可以在生活上改善專注力不足的影響。可是，如果發現問題持續，還是要專業地評估孩子的情況，讓孩子的專注與學習都得到更適切的照顧。

除了專注力不足外，另一個問題是與教養孩子有關的，不少父母在談到自己的育兒辛酸時會問的問題，就是：

Q：我也不想的……我可以不那麼兇惡地責罵孩子嗎？

父母在與孩子相處時不小心以重的語氣責罵孩子，相信是不少家庭都有發生過的事。每次與孩子間有衝突與矛盾，也是一個讓我們更了解自己與孩子的機會。

在這本書中我們談過很多方法應付孩子於生活上的行為與父母的感受。往往「大聲責罵」，只是反映了父母的需要：在解決問題上的需要、在情感上的需要。想自己不會兇惡地責罵孩子，這些需要就要好好被照顧與處理。

想起有一次被一個媽媽問這個問題前，我們在了解她和孩子之間的相處情況。那位媽媽告訴我，她原諒了孩子一次又一次，但是孩子也沒有把自己的食飯情況改好，每次都是過一會兒對着媽媽傻傻的笑，哄回在生氣的媽媽。於是自己也一次比一次大聲，孩子由笑着聽她罵，到後來媽媽一開口，他就哭起來了。那時我就在想，在原諒的可能不是只有媽媽，也有孩子……他也一次又一次原諒那個責罵他、令他害怕的媽媽，還想要哄回媽媽笑。當與媽媽一起探討孩子的心意，那位媽媽就哭了起來。

孩子對父母的包容往往不比父母對孩子的少，即使父母怎樣責怪孩子，父母都是孩子心中最重要的人。「我可以不那麼惡罵孩子嗎？」這問題需要在化解育兒挑戰與感受彼此的情緒並行，配合父母的情緒調節，才可好好實行。

　　下一次生氣時，想想自己是不是累了，是不是需要空間與休息？就是停下來那幾秒鐘，呼吸一下，可能會更易找到責罵以外的出路。

　　借回我書中的一個比喻在這裏做個總結，我們與孩子的相處就像天氣，時晴時陰，風雨會來，也會過去。在風雨來臨時，穩定自己的心態與做法，別忘了在烏雲後，依然是那一片清澄明澈的藍天。那片藍天可以是你們快樂的時光、可以是孩子對你的愛、可以是你對孩子初心，即使風雨再大，後面那片藍天可是從來沒改變。

聽懂 2-7歲孩子的 情緒話

父母必修的靜觀育兒課

著者
黃詠詩

責任編輯
周宛媚

裝幀設計
鍾啟善

排版
楊詠雯

出版者
萬里機構出版有限公司
香港北角英皇道499號北角工業大廈20樓
電話：2564 7511　　傳真：2565 5539
電郵：info@wanlibk.com
網址：http://www.wanlibk.com
　　　http://www.facebook.com/wanlibk

發行者
香港聯合書刊物流有限公司
香港荃灣德士古道 220-248 號荃灣工業中心 16 樓
電話：2150 2100　　傳真：2407 3062
電郵：info@suplogistics.com.hk

承印者
美雅印刷製本有限公司
香港觀塘榮業街 6 號海濱工業大廈 4 樓 A 室

出版日期
二○二一年四月第一次印刷

規格
大 32 開（210 mm × 142 mm）